Konrad Paul Liessmann
Bildung als Provokation

PIPER

Zu diesem Buch

Alle reden von Bildung. Sie wurde zu einer säkularen Heilslehre für die Lösung aller Probleme – von der Bekämpfung der Armut bis zur Integration von Migranten, vom Klimawandel bis zum Kampf gegen den Terror. Während aber »Bildung« als Schlagwort in unserer Gesellschaft omnipräsent geworden ist, ist der Gebildete, ja jeder ernsthafte Bildungsanspruch zur Provokation geworden. Die Gründe dafür nennt Konrad Paul Liessmann in diesem Buch. Dafür begibt er sich sowohl in die Niederungen der Parteienlandschaft als auch in die Untiefen der sozialen Netzwerke, er denkt über den moralischen Diskurs des Zeitgeists nach und darüber, warum es so unangenehm ist, gebildeten Menschen zu begegnen.

Konrad Paul Liessmann, geboren 1953 in Villach, ist Professor am Institut für Philosophie der Universität Wien, Essayist und Kulturpublizist. Neben zahlreichen Auszeichnungen erhielt er 2003 den Ehrenpreis des österreichischen Buchhandels für Toleranz im Denken und Handeln und 2010 den Donauland-Sachbuchpreis. Er ist Autor zahlreicher Bücher, darunter *Theorie der Unbildung* und *Geisterstunde.*

Konrad Paul Liessmann

BILDUNG ALS PROVOKATION

PIPER

Mehr über unsere Autoren und Bücher:
www.piper.de

Von Konrad Paul Liessmann liegen im Piper Verlag vor:
Bildung als Provokation
Theorie der Unbildung
Geisterstunde: Die Praxis der Unbildung

MIX
Papier aus verantwor-
tungsvollen Quellen
FSC
www.fsc.org   FSC® C083411

Ungekürzte Taschenbuchausgabe
ISBN 978-3-492-23600-3
1. Auflage August 2019
2. Auflage Oktober 2020
© Piper Verlag GmbH, München 2019
© Paul Zsolnay Verlag, Wien 2017
Umschlaggestaltung: zero-media.net, München nach
einem Entwurf von Anzinger und Rasp, München
Umschlagabbildung: plainpicture/Thordis Rüggeberg
Satz: Eva Kaltenbrunner-Dorfinger, Wien
Gesetzt aus der Adobe Garamond
Druck und Bindung: CPI books GmbH, Leck
Printed in the EU

INHALT

IN DEN NIEDERUNGEN
DER POLITIK

VORWORT

Warum es so unangenehm ist, gebildeten Menschen zu begegnen

Wer den aktuellen Bildungsdiskurs verfolgt, kann eine interessante Beobachtung machen. Die Karriere des Begriffs »Bildung« ist atemberaubend. »Bildung« ersetzt mittlerweile nicht nur Konzepte wie Pädagogik, Erziehung oder Unterricht, »Bildung« beschreibt nicht nur den Umgang mit Menschen von der Beschallung des Ungeborenen im Mutterleib über die Integration von Migranten bis zur Einweisung von Senioren in den Gebrauch des Internets, sondern »Bildung« kann mittlerweile als wohlfeiler Joker überall dort eingesetzt werden, wo andere Institutionen oder Praktiken versagen. Wer Bildung sagt, hat immer recht.

Während »Bildung« als universelles Problemlösungsversprechen omnipräsent geworden ist, ist der Gebildete, den wir ja eigentlich als Ziel all dieser Bildungsanstrengungen vermuten müssten, aus dem Wortschatz nahezu verschwunden. Nicht einmal mehr am Horizont der Bildungsplanung und der Bildungsbiografien, die nun untersucht und beschrieben werden, taucht der Gebildete auf, und wir wüssten auch nicht, an welcher Stelle der offiziellen Bildungskarrieren er in Erscheinung treten sollte. Die Absolvierung der Schulpflicht, eine moderne kompetenzorientierte Reifeprüfung, ein abgeschlossenes

Bachelorstudium nach dem Bologna-Modell – nichts davon enthält den Gebildeten als Ziel- oder Leitvorstellung. Weder sollen sich Menschen bilden, noch sollen sie gebildet werden, gefordert ist heute der Erwerb von »Kompetenzen« wie Teamfähigkeit, Kommunikationsbereitschaft, Innovationsfreude und digitale Fitness.

Niemand wird bezweifeln, dass sich Menschen für unterschiedliche Tätigkeiten qualifizieren, dass sie vielfältige Fähigkeiten aufweisen und dass sie die aktuellen Kulturtechniken beherrschen sollen. Aber keine dieser Beschreibungen erfasst das, was man einmal mit Bildung gemeint hatte. Gesetzt den Fall, dass uns der in einem klassischen Sinne Gebildete tatsächlich noch einmal begegnete, wären wir wahrscheinlich ziemlich irritiert. Der Gebildete verkörperte all das, was der aktuelle Bildungsdiskurs gerade nicht mehr unter Bildung verstehen will. Dazu gehörten ein fundiertes Wissen, das es erlaubt, auch ohne Zensurbehörde die Fakten von den Fiktionen zu trennen, ästhetische und literarische Kenntnisse und Erfahrungen, ein differenziertes historisches und sprachliches Bewusstsein, ein kritisches Verhältnis zu sich selbst, eine auf all dem gründende abwägende Urteilskraft und eine gesteigerte Sensibilität gegenüber den Lügen, Übertreibungen, Hypes, Phrasen, Moralisierungen und Plattitüden der Gegenwart. Allerdings ließe sich nichts von dem vorschnell der Forderung nach Nützlichkeit, Anwendbarkeit und schneller Verwertbarkeit unterordnen.

Der Gebildete wäre heute eine eigentümliche Erscheinung – wie aus der Zeit gefallen. Weltfremd wäre der Gebildete aber nicht. Bildung stellte auch eine Form der Welthaltigkeit dar, die sich jedoch nicht nur aus den Blasen der sozialen Netzwerke, sondern auch aus anderen Quellen speist, zu denen nicht zuletzt jene Bücher gehören, deren Lektüre wir niemandem mehr zumuten wollen. Begegnete man solch einem Menschen, wir wären wahrscheinlich unangenehm berührt, vielleicht von Neid erfüllt, unter Umständen sogar ein wenig beschämt, weil er unser aktuelles Bildungsweltbild in Frage stellte.

Bildung, ernst gemeint, wäre heute eine Provokation. Ob die grassierende Kompetenzorientierungskompetenz wirklich die zeitgemäße Antwort auf diese Provokation darstellt, darf allerdings bezweifelt werden. Bildung, das macht ihren Stachel aus, lässt sich nicht auf formale Fähigkeiten und Anwendungsorientierungen reduzieren. Bildung hat immer auch mit konkreten Inhalten und – horribile dictu – abstraktem Wissen zu tun, damit auch mit Einsichten und Haltungen, die ihren Wert vorab in sich tragen und es den Menschen erlauben, zu sich und der Welt in einer Weise Stellung zu beziehen, die nicht nur dem Diktat der Zeit und ihrer Moden gehorcht.

Bei aller Kritik an den bildungsfeindlichen Bildungsreformen unserer Tage gibt es keinen Grund zu verzweifeln. Gerade die Schnelllebigkeit und Beliebigkeit der aktuellen Medienkultur lässt die Sehnsucht nach fundiertem Wissen, kritischer Reflexion, nach Begegnungen mit der eigenen Tradition und mit fremden Kulturen und nach einer geschärften Urteilskraft wachsen. Bildung hat auch mit dem Einüben einer Gelassenheit zu tun, die sich von überbordender Affirmation des Zeitgeistes ebenso frei halten möchte wie von einer wohlfeilen Empörung über medial hochgespielte Nichtigkeiten.

Bildung ist untrennbar mit der Einsicht in die eigene Unzulänglichkeit verbunden, mit dem Wissen des Nichtwissens. Diese Bescheidenheit macht sie erst zu jener Aufgabe und Haltung, die sich offen dem Anderen und seinen vielfältigen Erscheinungsformen zuwenden kann: ohne falsche und überzogene Ansprüche, aber auch ohne den Gestus einer moralischen oder intellektuellen Überlegenheit und ohne den Dünkel eines selbstgefälligen Elitenbewusstseins, das mittlerweile selbst zu einem Signum der Unbildung geworden ist.

Wien, im Mai 2017
Konrad Paul Liessmann

ZUR SACHE DER BILDUNG

BELESENHEIT

Literarische Bildung
als Provokation

Anfang des Jahres 2015 sorgte die Twitter-Nachricht einer Gymnasiastin in Deutschland bundesweit für Aufregung, sogar die Bundesbildungsministerin Johanna Wanka sah sich zu einer zustimmenden Stellungnahme genötigt. Was hatte die junge Frau unter dem Decknamen Naina geschrieben: »Ich bin fast 18 und hab keine Ahnung von Steuern, Miete oder Versicherungen. Aber ich kann 'ne Gedichtsanalyse schreiben. In 4 Sprachen.«[1] Die Debatten über die Sinnhaftigkeit klassischer und humanistischer Bildung angesichts der Notwendigkeiten des Lebens in einer modernen Gesellschaft flackern seitdem immer wieder auf. Dass an Schulen nicht das gelernt wird, was man zum Leben so braucht, ist allerdings ein Vorwurf, der pädagogische Einrichtungen seit der Antike begleitet. Nur lernen, was man auch sofort anwenden kann? Nur lernen, was nützt? Nur lernen, was der eigenen Situation und Bedürfnislage entspricht? Ist es das, was wir unter Bildung verstehen wollen? Und liegt das Problem nicht darin, dass Bildung ohnehin seit langem eher an den Erfordernissen der Märkte und den Bedürfnissen der Kinder und Jugendlichen als an vermeintlich antiquierten Inhalten und angeblich unbrauchbaren Kenntnissen gemessen wird? Trug Naina mit ihrem Tweet nicht Eulen nach Athen? (Hoffentlich kennt sie diese Wendung und ihre Geschichte noch.)

Nutzloses Wissen. Ja, dieses kennzeichnet den Gebildeten, und dieses ist von Übel. Dass Schüler Gedichte interpretieren können, aber beim Ausfüllen der Steuererklärung versagen – das ist offenbar der Albtraum jeder modernen Bildungsministerin. In der Schule darf es deshalb keine kontextfreien Wissensfragen mehr geben, »Faktenwissen« ist zu einem – übrigens verräterischen – Unwort geworden, so, als sollten lieber Meinungen und Ideologien vermittelt werden. Situations- und intentionsadäquat müssen etwa die kompetenzorientierten Fragestellungen der Reifeprüfung sein, Kenntnisse, die nicht zur Lösung eines Problems beitragen, gelten als unangemessen und verzichtbar. Dass solch eine Entwertung des Wissens in einem Zusammenhang steht mit dem seit einiger Zeit gerne beklagten postfaktischen Zeitalter, fällt denjenigen, die bislang alles für eine soziale Konstruktion hielten und nun die empirische Wahrheit neu für sich entdecken, gar nicht mehr auf.

Aber auch kulturelle und ästhetische Traditionen dürfen nicht mehr gelehrt werden; jeder Kanon steht im Verdacht, die postulierte Gleichwertigkeit aller kulturellen Erzeugnisse in Frage zu stellen, die Lust an alten Sprachen und an der Schönheit der Mathematik wird durch Praxisorientierung gehörig sabotiert, und die Lektüre von Texten, die nicht dem Erwerb problemlösungsorientierter Kompetenzen untergeordnet werden können, ist verpönt.

Literarische Bildung, die einst im Zentrum der Curricula der höheren Schulen stand, ist – nicht nur dort – zu einem Fremdwort geworden. Dass aber nahezu jede Form vor allem ästhetischer, literarischer oder sprachlich-historischer Kenntnisse gerne als bildungsbürgerlich denunziert wird, gilt nicht nur der Kritik an einem sozialen Habitus, sondern auch einer bestimmten Idee von Bildung. Sofern sich diese – wenn auch nicht ausschließlich, so doch zentral – an kanonischen literarischen Texten orientierte, gilt sie als obsolet. Die schöne Literatur, wie avanciert auch immer, führt nur noch ein Schattendasein in den Curricula, in den Bildungsdiskursen, in denen es von Kompetenzen nur so wimmelt, spielt sie keine Rolle mehr.

Die Fraglichkeit literarischer Bildung im klassischen Sinn hatte allerdings schon die Debatten im Zuge der Lehrplanreformen der sechziger Jahre des vorigen Jahrhunderts bestimmt. Die Eliminierung der alten Sprachen aus den Curricula der Gymnasien wurde etwa damit begründet, dass diese zwar eine Quelle individueller Bereicherung sein können, dass daraus aber keine allgemeine bildungspolitische Funktion mehr abgeleitet werden kann: »Wer wollte bestreiten, daß das Studium der geistigen Quellen der Antike ebenso wie das ihrer sprachlichen Grundstrukturen lohnend und beglückend sein kann? Dies gilt nicht nur für den Gelehrten, sondern für einen jeden, der hier Inspiration zu suchen vermag. Eine zentrale Position im Curriculum der allgemeinbildenden Schule ist für diese Welt damit nicht nachgewiesen.«[2] Was der Lehrplanreformer Saul B. Robinsohn hier in Hinblick auf Altgriechisch und Latein behauptet hatte, lässt sich mittlerweile für den Umgang mit Literatur überhaupt sagen. Fast niemand bestreitet, dass diese für denjenigen, der in ihr eine Inspiration zu sehen vermag, eine beglückende Erfahrung sein kann. Aber eine allgemeine und verbindliche Bedeutung wagt daraus schon lange kein Bildungsexperte mehr zu folgern. Und das hat weniger damit zu tun, dass der einstige Kanon längst mehrfach demontiert und fragwürdig geworden ist, sondern mit der neuen kompetenzorientierten Lernkultur, die prinzipiell die Auseinandersetzung mit Werken der Kunst und Literatur als ausreichende Zielvorstellung nicht mehr kennen darf.

Kompetenz zielt immer auf ein Können, eine Anwendung, die Lösung eines Problems. Was immer dazu auch eingesetzt wird, an welchen Inhalten dieses Können erworben wird – alles wird in Bezug auf dieses Können notwendigerweise als Mittel zu interpretieren sein, das durch andere, ähnlich funktionale Mittel auch substituiert werden kann. Die literaturbezogenen Kompetenzen des Deutschunterrichts etwa wie Textverständnis, Analysefähigkeiten, historisch-systematische Kontextualisierungen, Vergleich unterschiedlicher Schreibstrategien erscheinen als Ziele und Praktiken, die im Umgang mit mehr oder weniger beliebigen Texten erreicht und geübt werden können, und nicht als methodisches Rüstzeug, um jene Texte, die wir für unverzichtbar halten, zu lesen und zu verstehen. Die Frage, welche Bedeutung unter diesen Bedingungen eine literarische Bildung überhaupt noch spielen kann, stellt sich damit in verschärfter Weise.

Literarische Bildung war immer schon umstritten. Die Reduktion auf eine Literaturgeschichte, die sich damit begnügte, Epochen zu konstruieren und ihnen Autoren und Werke beizuordnen, vermochte ebenso wenig zu befriedigen wie das Lernen der Inhaltsangaben, wie sie sich in diversen Literaturlexika fanden. Andererseits war der literarisch versierte Mensch nicht nur einer, der in einem bestimmten Segment kultureller Produktion exzellente Kenntnisse aufwies, sondern er galt auch in einem exemplarischen Sinn als gebildet. Belesenheit war einmal nahezu ein Synonym für einen avancierten Bildungsanspruch, und dieser wiederum forderte geradezu ein Nahverhältnis zu ganz bestimmten Büchern und Texten. Belesenheit erschöpfte sich gerade nicht in einer wie immer ausgereiften und artikulierten Texterschließungskompetenz, sondern verblüffte immer wieder damit, was alles gelesen worden war.

Belesenheit war und ist deshalb eine Provokation. Sie verweist auf ein Privileg: dass es Menschen gibt, die die Zeit haben, sich intensiv mit literarischen Texten zu beschäftigen, ohne dass sie dadurch im Alltag oder in ihrem beruflichen Umfeld wesentlich gewönnen. Den Fall des Literaturwissenschaftlers, der Lesen zu seiner Profession gemacht hat, wollen wir dabei einmal ausklammern. Jenseits der wissenschaftlichen Beschäftigung mit Literatur aber besteht die Herausforderung der Belesenheit auch im Anspruch einer bestimmten Quantität. Nach der Lektüre von fünf Romanen und drei Kurzgeschichten ist noch niemand belesen. Natürlich wäre es müßig, darüber zu streiten, ab welcher Anzahl gelesener Bücher jemand als belesen gelten könnte, aber dass es nicht nur einige sind, steht ebenso fest wie die stillschweigende Annahme, dass es nicht beliebige, sondern bestimmte Texte sein müssen. Auch wer alle Romane von Karl May oder Joanne K. Rowling gelesen hat, wird nicht als belesen gelten, auch wenn Belesenheit die Lektüre dieser Autoren nicht ausschließt. Wer es versteht, Winnetou mit Hegel zu verbinden oder Harry Potter mit Martin Heidegger in eine kritische Beziehung zu setzen, kommt der Idee von Belesenheit vielleicht schon näher. Diese selbst aber zehrt von dem Gedanken, dass es Bücher gibt, ohne die die Welt und damit die auf ihr lebenden Menschen in jeder Hinsicht ärmer wären.

Eine Überlegung des Berliner Philosophen Peter Bieri, der unter dem Pseudonym Pascal Mercier auch einige erfolgreiche Romane wie »Nachtzug nach Lissabon« geschrieben hat, mag dies verdeutlichen. »Der Gebildete ist ein Leser. Doch es reicht nicht, ein Bücherwurm und Vielwisser zu sein. Es gibt –

so paradox es klingt – den ungebildeten Gelehrten. Der Unterschied: Der Gebildete weiß Bücher so zu lesen, dass sie ihn verändern.«[3] Lesen vermag deshalb zu einer konstitutiven und nicht nur möglichen Voraussetzung von Bildung zu werden, da die persönlichkeitsformende Kraft von Texten hier unterstellt wird. Und es geht dabei nicht nur um das Machen jener berühmten Erfahrungen, von denen auch manch kompetenzorientierter Lehrplan spricht; es geht darum, die Erfahrung zu machen, wie man Erfahrungen macht. Noch einmal Bieri: »Der Leser von Literatur lernt noch etwas anderes: Wie man über das Denken, Wollen und Fühlen von Menschen sprechen kann. Er lernt die Sprache der Seele. Er lernt, dass man derselben Sache gegenüber anders empfinden kann, als er es gewohnt ist. Andere Liebe, anderer Hass. Er lernt neue Wörter und neue Metaphern für seelisches Geschehen. Er kann, weil sein Wortschatz, sein begriffliches Repertoire, größer geworden ist, nun nuancierter über sein Erleben reden, und das wiederum ermöglicht ihm, differenzierter zu empfinden.«[4] Das Wissen der Literatur enthält, so könnte man sagen, den Umschlag in bestimmte Kompetenzen schon in sich bereit. Fraglich aber, ob dieses Einfühlen in eine fremde Welt als operationalisierbarer Vorgang gefasst und exakt definiert werden kann. Die Aufforderung mancher Lehrpläne, dass Schüler angesichts der Texte, die sie lesen, ihre Gefühle zeigen sollen, ist vielleicht gut gemeint, verkennt aber, dass ästhetische Bildung überhaupt von Unwägbarkeiten lebt.

In dem Maße, in dem es nicht mehr darum geht, sich durch Literatur zu verändern, sondern Literatur nur als Vorwand zu benutzen, um Kompetenzen zu schulen, ist der literarisch gebildete Mensch ein Ärgernis. Er verweist uns immer darauf, was wir nicht gelesen haben, und er lässt uns, ohne dass er dies wollte, spüren, dass wir mit unseren Kompetenzen nicht weit kommen. Wer über menschliche Gefühle, über Liebe, Hass und Eifersucht differenzierter und nuancierter sprechen kann, weil er Fontane, Flaubert und Proust gelesen hat, widerlegt das Mantra der Kompetenzorientierung in actu. Man kann, hat man diese Bücher nicht gelesen, sich davon nicht dispensieren, dass man darauf verweist, problemorientiert Gebrauchstexte zum Thema Eifersucht – etwa von der Ratgeberseite einer Boulevardzeitung – analysiert und situationsspezifisch angewandt zu haben. Das, was an literarischer Bildung provoziert, ist die Tatsache, dass es dabei nicht darum geht, irgendwelche Kompetenzen an relativ beliebigen Texten geschult, sondern genau dieses Buch und kein anderes gelesen zu haben.

Einen Aspekt von Belesenheit unterschlägt Bieri allerdings: dass der literarisch Gebildete nicht nur genauer über Gefühle und Erfahrungen, sondern vor allem auch über das, was er gelesen hat, sprechen kann. Man untergräbt den Sinn von Literatur, wenn man nicht auch deren Eigensinn bedenkt. Man kann Bücher lesen wollen, weil man sie gelesen haben will. Ob und welche Wirkung diese Lektüren haben, ob und inwieweit man sich dabei verändert, muss letztlich dahingestellt bleiben. Jeder Kanon verwies auch implizit auf diesen Eigenwert eines literarischen Textes. Allein seine Gestalt, seine Besonderheit, seine ästhetische Qualität rechtfertigt seine Lektüre – dazu bedarf es weder der Aktualisierung noch bestimmter Einordnungs- und Verwertungsstrategien, noch der Perspektive, dass man nach dessen Lektüre sich und die Welt besser verstehen werde.

Das Werk – und dies gilt für ästhetische Objekte von Rang schlechthin – stellt durch seine pure Existenz den Grund für seine Rezeption dar. Dass man Goethes »Faust«, Musils »Mann ohne Eigenschaften« oder Thomas Manns »Zauberberg« gelesen haben muss, bedarf keiner weiteren Begründung mehr in Hinblick auf deren Funktionalität und Brauchbarkeit. Der verächtliche Hinweis, dass man sich solche Lektüren ersparen kann, handelt es sich dabei doch um leeres und totes Bildungsgut, verrät mehr über die Idee von Bildung, als deren Verächtern lieb sein kann. Wohl erschöpft sich diese nicht in der Hingabe an eine Sache um deren selbst willen, aber ohne eine solche Hingabe und der Fähigkeit dazu gäbe es keine Bildung. Keine Schule kann solch eine Hingabe erzwingen. Aber eine Schule, die deren Möglichkeit bestreitet und rigide blockiert, indem sie jedes Stück Literatur, das in ihr noch vorkommt, auf seine kompetenzstrategische Verwertbarkeit befragt, ist barbarisch.

Literarische Bildung lebt von der Fiktion, dass es Bücher gibt, deren Lektüre uns verändern kann, und dass dies nicht nur an uns, unserer Disposition und unserer Situation liegt, sondern auch an genau diesen Büchern. Nur solch ein Denken legitimiert einen Kanon, und nur ein Kanon, wie umstritten und veränderbar er auch immer sein mag, gibt eine Orientierung für das, was wir literarische Bildung nennen können. Allerdings gehört auch zu dieser Bildung: Je mehr ich gelesen habe, desto klarer wird das Wissen und Bewusstsein davon, was ich alles nicht gelesen habe und was ich vielleicht nie lesen werde. Der Habitus des Belesenen widerspricht so prinzipiell der Arroganz des vermeintlichen Bildungsbürgers, der mit aus den Zusammenhängen gerissenen Zitaten hausieren ging, ebenso wie dem auftrumpfenden Gebaren digitaler Omnipotenzphantasien, die suggerieren, alles im Griff zu haben und überall Bescheid zu wissen, weil ein Smartphone in der Nähe ist.

Die Provokation literarischer Bildung besteht nicht zuletzt

in der persönlichkeitsverändernden Kraft der Literatur, die unmerklich vonstattengeht, keinen Zielvorstellungen folgt, nicht operationalisierbar und deshalb auch nicht kontrollierbar und prüfbar ist. Dass es eine Form der Bildung gibt, die sich dem Zugriff der qualitätssichernden Behörden entzieht, weil sie sich aus einer informellen Beziehung zwischen Schüler und Lehrer entspinnen mag, kratzt an all jenen Quantifizierungs- und Messbarkeitschimären, ohne die die gegenwärtige Bildungsforschung ebenso wenig auszukommen glaubt wie die Bildungsorganisation.

Der Anspruch literarischer Bildung ist auch aus einem anderen Grund eine Provokation: Er widerspricht einem Prinzip von Chancengerechtigkeit, das auf Erfolgsgleichheit abzielt. Literarische Erfahrungen können, wie jede authentische Form von Bildung, von Bildungseinrichtungen zwar ermöglicht und erleichtert, aber nicht erzwungen und auch nicht überprüft werden. Lesen ist ein einsames Geschäft, und welche formenden Auswirkungen eine Lektüre auf den Entwicklungs- und Bildungsprozess eines Menschen hat, welches Interesse dadurch angestachelt, welches vielleicht sabotiert werden kann, lässt sich weder planen noch prognostizieren. Literarische Bildung widerspricht auch deshalb dem pädagogischen Zeitgeist, weil der Anspruch, sie in Unterrichtsprozessen zu gestalten, stets klarmacht: Dieser Unterricht kann letztlich nur für Einzelne stattfinden. Man kann die Auseinandersetzung mit und die Aneignung von Literatur nicht erzwingen, man kann nur den Boden dafür bereiten. Allein die Verkaufszahlen von Büchern zeigen, dass Lesen, in all seinen Varianten, das geblieben ist, was es immer war: ein Minderheitenprogramm. Wie jede Minderheit verdiente aber auch die der Lesenden einen besonderen Schutz. Die Zeiten und die Milieus, in denen man durch das Aufzählen von Autorennamen und Buchtiteln einen sozialen Distinktionsgewinn verbuchen konnte, sind längst vorbei.

Tatsächlich aber vollzieht sich in der aktuellen Bildungsreform jene Tendenz, die Heinz-Joachim Heydorn schon vor Jahrzehnten einem reformorientierten Bildungsbegriff, der auf die Beseitigung sozialer Bildungsprivilegien abzielte, zum Vorwurf gemacht hatte: »So setzt sich diese Bildung auch von der Literatur ab, der Tradition folgend, daß die literarische Bildung bei den Massen nichts zu suchen hat; jetzt sind nur noch Massen übrig. War diese Bildung früher den herrschenden Klassen allein überlassen, so wird sie nunmehr zurückgewiesen, weil es sich bei ihr um die Bildung der früheren Oberklasse handelt, weil sie eine ›schichtenspezifisch beschränkte Auswahl der Inhalte‹ bietet. Ein demokratischer Vorgang; was früher nur die oberen Zehntausend lesen durften, darf jetzt niemand mehr lesen. Ungleichheit für alle.«[5] Im Gegensatz zu einem Glaubenssatz aktueller Bildungspolitik, dass Bildung soziale Differenzen ausgleichen und damit verbundene Nachteile kompensieren sollte, verweist das Konzept der literarischen Bildung darauf, dass dies, wenn überhaupt, nicht als soziales Projekt, sondern nur als individueller Akt möglich ist. Dem zu entgehen, indem man die Literatur aus den Lehrplänen streicht, zeugt nicht nur von Unbildung, sondern zeigt auch, dass diese unmittelbar eine Konsequenz von Gerechtigkeitsvorstellungen sein kann, die bei aller verbalen Glorifizierung der Individualisierung des Unterrichts das Individuum und seinen Eigensinn am liebsten durchstreichen möchten.

Literatur aber hat eine Gestalt. Sie erscheint in der Form des Buches. Lesen als avancierte kulturelle Praxis ist ohne das Buch nicht denkbar. Die aktuell forciert betriebene Digitalisierung von Schulen und Universitäten, die sich alles Heil von Geräten und nicht von Ideen erwartet, verhindert in großem Maßstab die Entwicklung jedes Interesses für die Literatur. Denn um dieses zu wecken, bedarf es keiner digitalen Endgeräte, keiner Apps und schon gar keiner Programmierkenntnisse. Die Auseinandersetzung mit einem Buch lässt sich auch nicht durch eine rasche Internet-Recherche substituieren. Belesenheit ist auch deshalb eine Provokation, weil sie, letztlich als Summe vielfältiger Lektüreerfahrungen, die ihre Spuren im Leben eines Menschen hinterlassen haben, quer steht zur Ideologie der raschen Verfügbarkeit aller Informationen. Das Interesse für Literatur wird geweckt, wenn man im richtigen Moment das richtige Buch in die Hand gedrückt bekommt und sich dadurch die Chance eröffnet, zu einem Leser zu werden.

Solche Momente und solche Bücher böten durchaus Chancen für die Weiterentwicklung unserer Gesellschaft. Ein »Zurück zur Literatur« kann sich nicht in Nostalgie, Kulturpessimismus und Verlustanzeigen erschöpfen.[6] Es gibt Bücher, die es sich zu lesen lohnt, weil sie, aus welcher Zeit sie auch stammen, wesentlich mit unserem Leben und unseren aktuellen politischen Fragen zu tun haben. So könnte man die These riskieren, dass eine fundierte literarische Bildung mehr zu einem europäischen Bewusstsein und zu einer europäischen Perspektive beitragen könnte als der Bologna-Prozess und seine überbordende Bürokratie. Europa war der Kontinent der großen Erzählungen, und nach dem Ende dieser Erzählungen ist Europa selbst zum letzten dieser Narrative geworden. Was spräche dagegen, einen Kanon der europäischen Literatur zu skizzieren und dessen Lektüre allen höheren Schulen in Europa zu empfehlen?

Wie könnte solch ein Kanon aussehen? Beginnen könnte man dabei mit dem Mythos selbst, mit der phönizischen Königstochter, die den Namen Europa trug und von Zeus in Gestalt eines Stieres verführt, entführt und auf Kreta vergewaltigt wird. Ein für alle Mal ist damit die These der nichteuropäischen Herkunft Europas gesetzt, die den Orient als Ursprung und Quelle des Okzidents festhält. Fortsetzen könnte man mit Homers »Ilias«, die ebenso paradigmatisch das Europäische in der schicksalhaften Auseinandersetzung mit dem Anderen sieht, eine Auseinandersetzung allerdings, die nicht aus einer Differenz, sondern aus einem ähnlichen Begehren geboren wurde: dem Verlangen nach Schönheit. Weiterführen könnte man diesen Reigen mit Vergils »Aeneis«, jenem Epos, das in einem wahrlich fundamentalen Sinn Europa als den Kontinent der Immigranten beschreibt. Und schließen könnte man diese Ur- und Vorgeschichten mit dem »Nibelungenlied«, das nicht nur Unschuld und Heldenmut, Treue und Verrat besingt, sondern Europas Schicksal an die kaum zu definierende kontinentale Grenze zum asiatischen Raum knüpft.

Motive, die sich durchziehen, Stoffe, die nicht vergessen werden können, Konstellationen, die immer wieder durchbrechen. Aber Europa ist weit darüber hinaus der Kontinent der Literaturen, der unzähligen Geschichten, der sich beeinflussenden, ergänzenden, widersprechenden, einander überbietenden Formen des Erzählens, Berichtens und Darstellens. Keine europäische Sprache, keine europäische Region, die nicht ihren Beitrag zu diesem Kontinent der Poesie geleistet hätte. Europa, seine Vielfalt und seine Einfalt, seine Menschen und seine Konflikte, seine Nöte und seine Freuden könnten im Wortsinn erlesen werden. Die Erfahrung des Europäischen als Leseerfahrung, der Lesende als Manifestation des Europäischen –

was spräche dagegen? Denn wo wäre mehr Europa als in Dante und Shakespeare, Cervantes und Goethe, Flaubert und Ibsen, Dostojewski und Kazantzakis? Und wäre dies nicht eine reizvolle Vorstellung: junge Menschen, die sich, über welche Austauschprogramme auch immer vermittelt, irgendwo in Europa begegnen und ihre literarischen Erfahrungen teilen können, da sich diese auf jene Werke beziehen, die in all ihrer Ambivalenz und Widersprüchlichkeit einen entscheidenden Anteil an der Herausbildung eines europäischen Bewusstseins hatten und haben?

Doch Vorsicht. Noch die wohlmeinendste politische Indienstnahme von Literatur verkennt deren Sinn und Möglichkeiten. Literatur ist nie auf ein Ende, einen Zweck zu reduzieren. Literarische Bildung bedeutet, einen geistigen Kontinent zu betreten, der voll ist von Überraschungen, Unwägbarkeiten, Enttäuschungen, Begegnungen und Erfahrungen, auch voll von Mühen und Plagen, und der gerade deshalb immer wieder aufs Neue lockt und verlockt, aber auch verstört und abstößt. Auf diesem Kontinent gibt es weder Erfolgs- noch Glücksgarantien. Und niemand soll gewaltsam gezwungen werden, diesen Kontinent zu betreten. Durch eine kompetenzversessene und technikgläubige Bildungspolitik jungen Menschen aber systematisch den Zugang zum Kontinent Literatur zu verbauen, kann nur als ein Akt der Barbarei gewertet werden.

DAS SCHLECHTE GEWISSEN

Über Muße und Bildung

Es ist paradox: Obwohl der moderne Mensch aufgrund seiner hohen Produktivität, durch unzählige raffinierte und zunehmend intelligente Technologien unterstützt, mehr Zeit frei von den Zwängen unmittelbarer Erwerbstätigkeit verbringen könnte, macht er den Eindruck eines gehetzten Tieres, das ständig in Bewegung sein muss, nie innehalten darf, keinen Stillstand dulden kann, hilflos dem Beschleunigungstaumel einer Entwicklung ausgesetzt ist, die es weder kontrolliert noch wirklich versteht. Das ständig präsente Gefühl, von Märkten, Innovationen, dem Wettbewerb und der Konkurrenz getrieben zu sein, die Angst, sofort zurückzubleiben und alles zu verlieren, gönnte man sich nur eine Pause, die fatalistische Vorstellung, dass man nicht der Gestalter der Zukunft sei, sondern nur auf deren Herausforderungen reagieren könne, die Zustimmung zu einer Welt, in der angeblich die Sachzwänge und der stets drohende Mitbewerber kaum noch Besinnung und Alternativen zuließen – all dies sabotiert jeden Gedanken an Phasen der Ruhe und der Besinnung.

Wohl kennt auch der moderne Mensch die eine oder andere Unterbrechung dieser Dynamik, die Freizeit und den Urlaub, aber auch diese Zeit muss analog der Arbeitszeit effizient genutzt, verplant, mit möglichst vielen Events gefüllt und am besten mit Aktivitäten kombiniert werden, die seine Arbeitskraft stärken und seine individuelle Wettbewerbsfähigkeit erhöhen. Wer in einem Sommer weder seine Fitness noch seine interkulturelle Kompetenz oder seine Fremdsprachenkenntnisse verbessern, sondern einfach nur einmal nichts tun wollte, machte sich höchst verdächtig. Er versündigte sich gleichsam an dem Imperativ unserer Tage, jederzeit all seine Ressourcen auszuschöpfen und seine Fähigkeiten zu optimieren. Uns mangelt es weniger an Zeiten, über die wir souverän verfügen könnten, uns mangelt es an der Fähigkeit, diese Zeiten anders zu strukturieren als nach jenen Parametern, die auch unser Berufsleben und die Wettbewerbsgesellschaft insgesamt steuern. Es fehlt uns an dem, was die Alten Muße genannt hatten.

Das altgriechische Wort für Muße war *scholé*, von dem sich auch unsere Schule ableitet. Es bezeichnete ursprünglich die Stätte, an der man sich aufhielt, wenn man nicht arbeiten musste. Die Antike sah in dieser Muße die entscheidende und erstrebenswerte Weise des Daseins überhaupt, die Arbeit hingegen als das, was eigentlich vermieden werden sollte. Arbeit war definiert als Negation der Muße: *ascholia*. Diese Muße war allerdings alles andere als ein Nichtstun. Sie war keine leere Zeit, die mit Unterhaltungen und Zerstreuungen aller Art gefüllt werden musste, kein faules Nichtstun, sondern die Zeit, über die man frei verfügte und die man konzentriert den Dingen des Lebens widmen konnte, die ihren Wert in sich trugen und nicht Mittel für einen Zweck waren: Schönheit, Erkennen, Freundschaft, Erotik. Erst die Moderne machte aus der Arbeit eine Tugend und aus dem Müßiggang den Anfang aller Laster.

Friedrich Nietzsche hatte dies als einer der Ersten erkannt und präzise beschrieben. Im 329. Aphorismus der »Fröhlichen

Wissenschaft« notierte er unter dem Stichwort »Muße und Müßiggang«: »Man schämt sich jetzt schon der Ruhe; das lange Nachsinnen macht beinahe Gewissensbisse. Man denkt mit der Uhr in der Hand, wie man zu Mittag isst, das Auge auf das Börsenblatt gerichtet, – man lebt, wie Einer, der fortwährend Etwas ›versäumen könnte‹. [...] Das Leben auf der Jagd nach Gewinn zwingt fortwährend dazu, seinen Geist bis zur Erschöpfung auszugeben, im beständigen Sich-Verstellen oder Ueberlisten oder Zuvorkommen: die eigentliche Tugend ist jetzt, Etwas in weniger Zeit zu thun, als ein Anderer. Und so giebt es nur selten Stunden der erlaubten Redlichkeit: in diesen aber ist man müde und möchte sich nicht nur ›gehen lassen‹, sondern lang und breit und plump sich hinstrecken. [...] Die Arbeit bekommt immer mehr alles gute Gewissen auf ihre Seite: der Hang zur Freude nennt sich bereits ›Bedürfniss der Erholung‹ und fängt an, sich vor sich selber zu schämen. ›Man ist es seiner Gesundheit schuldig‹ – so redet man, wenn man auf einer Landpartie ertappt wird. Ja, es könnte bald so weit kommen, dass man einem Hange zur vita contemplativa (das heisst zum Spazierengehen mit Gedanken und Freunden) nicht ohne Selbstverachtung und schlechtes Gewissen nachgäbe. – Nun! Ehedem war es umgekehrt: die Arbeit hatte das schlechte Gewissen auf sich.«[1]

Die Zeiten, in denen man ein schlechtes Gewissen hatte, weil man arbeitete und die Muße vernachlässigte, sind wahrlich vorbei. Im Gegenteil: Wir fürchten uns vor der Muße, bekommen ein schlechtes Gewissen, wenn wir nicht ständig dynamisch, in Bewegung und produktiv sind. Ein voller Terminkalender ist ein Statussymbol, und das Burnout eine ehrenhafte Krankheit: Nur wer sich verausgabt, kann ausbrennen. Und wenn wir uns einmal zurücklehnen und durchatmen wollen, nennen wir dies nicht mehr Muße, sondern Regenerationsarbeit. Noch in der Untätigkeit müssen wir tätig sein, auch der Schlaf will mittlerweile effizient organisiert sein, überwacht von einer Uhr, die Herzfrequenz, Schlafphasen und Schlafintensität misst und uns signalisiert, wo auch hier noch Einsparungs- und Optimierungspotenziale im wahrsten Sinn des Wortes schlummern.

Diese Rastlosigkeit kennzeichnet auch unser Bildungswesen, in dem doch die Muße nicht nur etymologisch beheimatet sein sollte. Die Klage, dass der Output unserer Bildungsinstitutionen nicht den dafür aufgewendeten Mitteln entspräche, die Forderung, doch alle Talente und Begabungen der Kinder und Jugendlichen besser zu nutzen, die Hektik, die alle einander überbietenden Reformvorhaben kennzeichnet, die methodische und didaktische Innovationssucht in einem Feld, das vielleicht am besten bestellt ist, wenn es von Innovationen verschont wird, die in rascher Folge einander ablösenden wechselnden Tests für alle möglichen Kompetenzen und die daran anschließenden medialen Erregungskurven, die Programme zur Studienzeitverkürzung und der Aufschrei, wenn einmal jemand mehr Zeit an einer Universität verbringt, als die knapp kalkulierenden Bildungsökonomen vorgesehen haben – all das demonstriert, wie sehr wir unter Bildung und Lernen nur noch ein Ausbildungs- und Qualifizierungsprogramm mit knappem Zeitmanagement verstehen und jede Form einer frei flottierenden Neugier, jede Lust am Erkennen, jede Freude am Schönen als unnütz, als Verschwendung von Zeit und Geld denunzieren.

Tatsächlich fehlt dem Bildungssystem, wie der modernen Gesellschaft überhaupt, die Gelassenheit, die aus einer richtig verstandenen Muße erwachsen könnte. Dazu gehörte allerdings die Einsicht, dass zu einer Bildung, die diesen Namen verdient, Zeit nötig ist – nicht unendlich viel Zeit, aber eine Zeit, die selbst nicht dem Knappheitsgebot unterliegt und nicht ausschließlich dem Regime der Ökonomie unterworfen ist. Unter dem Diktat des Verwertungszwangs mutiert Bildung unter dem Deckmantel der individuellen Autonomie zu einem Programm, das kognitive Ressourcen für die Märkte aufbereitet. Sofern sie für die Arbeitswelt tauglich macht, ist Bildung unerlässlich, wird eingefordert, zur Pflicht erklärt und gesetzlich exekutiert. Hier darf niemand zurückgelassen werden, hier müssen alle die Mindeststandards erreichen. Geschieht dies nicht, herrscht Reformbedarf. Was darüber aber hinausgehen kann, wird beschnitten, lächerlich gemacht, verachtet, ignoriert. Eine wirkliche Individualisierung von Bildung würde natürlich bedeuten, dass vieles nur für wenige bedeutsam werden kann. Individualisierung bedeutete auch, sich Erfahrungen auszusetzen, die man mit kaum jemandem teilen kann. Zur Muße und zu einer Bildung, die sich einer eigenen Zeitordnung verdankte, gehörte auch die Erfahrung der Einsamkeit. Umgekehrt aber bedeutete dies, dass auch Lehrer wissen, dass sie mit ihrem Enthusiasmus nicht alle, mitunter nur den Einzelnen erreichen können. Solch eine Individualisierung ist allerdings aktuell nicht vorgesehen.

Bildung, für die Muße eine Voraussetzung wäre, verstieße nämlich gegen ein zentrales Paradigma aktuellen Bildungsdenkens: die Gemeinschaft, die Gruppe, das Team, das Netz. Dass Bildung einsam machen kann, dass Muße eine Erfahrung ist, die auch eine Form der Zurückgezogenheit bedeuten kann, einen Schnitt zwischen sich und der Welt, widerspricht jenen Prinzipien, die in der Konnektivität das Apriori unserer Existenz und damit auch der Bildung sehen wollen. Der Kampf um das Buch und die Lesefähigkeit als zentrale Kulturtechnik mag dafür paradigmatisch sein. Die Missachtung der Literatur in den Lehrplänen der Höheren Schulen gehorcht nicht nur dem neuen didaktischen Prinzip, dass Texte in erster Linie Informationsträger sind, die rasch auf relevante Inhalte hin überprüft werden müssen, sondern diese Missachtung gilt auch dem Leser als Typus, der, konzentriert auf sein Buch, der Welt abhandengekommen ist. Im Gegensatz zum Internet-User, der zwar für seine unmittelbare Umgebung nicht ansprechbar ist, aber mit aller Welt über soziale Netzwerke kommuniziert, ist der Leser jeder Welt enthoben, außer jener, die sich aus Buchstaben nun allmählich in seinem Kopf, und nur dort, zusammensetzt. Die Muße zu pflegen und endlich einmal in Ruhe und ohne zeitlichen Druck einen anspruchsvolleren Roman lesen zu können sind dann auch nahezu synonyme Tätigkeiten geworden, gleichzeitig beschreiben diese ein Minderheitenprogramm, das auf kein allgemeines Verständnis mehr hoffen kann. Und dort, wo es noch Lesedidaktik gibt, tut diese alles, um eine kontemplative Atmosphäre erst gar nicht aufkommen zu lassen: Arbeitsaufträge, Erschließungs- und Kontrollfragen demonstrieren jedem Schüler, dass es nicht darum geht, in eine fremde Welt einzutauchen, sondern darum, Kompetenzen zu schulen, an denen wiederum seine Leistungsfähigkeit gemessen und bewertet wird.

Die Konzentration auf die Kompetenzen einerseits und das Postulat, dass alles Wissen unmittelbar anwendungsfähig und nützlich sein soll, zerstört jeden Gedanken an Phasen der Muße im Bildungsprozess. Es ist diese grundsätzliche Ausrichtung, die Schulen und andere Bildungseinrichtungen zu Orten werden lässt, an denen die Muße keine Rolle mehr spielen darf. Es geht nicht darum, freie Zeiten zu fordern, in denen entweder gar nichts oder irgendetwas Beliebiges getan wird, es geht auch nicht darum, Ferienordnungen zu verteidigen oder zu kritisieren, sondern es geht darum, dass dort, wo Lern- und Bildungsprozesse stattfinden, diese immer schon durch die Orientierung an Zielvorgaben, die Frage nach der Umsetzbarkeit und die Nähe zur Praxis korrumpiert sind. Was so lebensnah und schüler- bzw. studentenfreundlich klingt, erweist sich bei genauerem Hinsehen als das eigentliche Problem. Muße bedeutete, sich in eine Sache zu versenken, mit einer Frage, einem Thema, einem Problem, einem Gegenstand, einem Kunstwerk zu beschäftigen, ohne sich Rechenschaft ablegen zu müssen, wozu das Ganze denn gut sein soll. Das freie Spiel der Einbildungskraft, wie das 18. Jahrhundert dies noch formulieren konnte, ist zwar in sich zweckvoll organisiert, gehorcht aber keinen äußeren Vorgaben. Etwas mit Muße zu tun bedeutet deshalb keine Beliebigkeit oder Nachlässigkeit. Gerade methodisch reflektierte und sehr konzentrierte Tätigkeiten erfordern Muße, das Schulen von formalen Kompetenzen und das Schielen auf schnelle Ergebnisse, vermeintliche Problemlösungen und rasche Präsentationen sabotieren aber genau diese Ansprüche.

Dass es vor allem die musischen Fächer sind, deren Durchdringung solche Muße benötigte, kommt nicht von ungefähr. Die Auseinandersetzung mit Fragen der Kunst, der Literatur und der Musik, die Vertiefung in Geschichte und Struktur einer Sprache oder das Studium historischer Dokumente und Zusammenhänge, auch ästhetische Praktiken aller Art entziehen sich prinzipiell der Orientierung an verwertbaren und problemlösungs- und kompetenzorientierten Zielvorgaben. Wer sich der Lektüre von Dostojewskis »Idiot« hingibt, die Rolle der Marie aus Büchners »Woyzeck« einstudiert oder eine Klaviersonate von Beethoven übt, macht seine Erfahrungen, erweitert seine Fähigkeiten und Kenntnisse, vertieft sein Wissen, verändert vielleicht sogar seine Persönlichkeit, aber er ist fern aller sozialen und ökonomischen Praxis. Dass etwa im Zuge der Reform der Lehrerausbildung die Studenten schon von allem Anfang an in Praxiserfahrungen gehetzt werden, ihnen die Muße genommen wird, sich überhaupt erst mit einer Disziplin, einer Sache, einem wissenschaftlichen Konzept anzufreunden und zu beschäftigen, wird keine besseren, sondern schlechtere Lehrer hervorbringen. Diese werden in ihrem Unterricht hektisch Lern- und Gruppenprozesse organisieren, aber weder für sich noch für ihre Schüler zu jener Muße finden, der die Institution, an der sie tätig sind, einmal ihren Namen verdankte.

Solche Verachtung der Muße sabotiert nicht nur die Bildungsmöglichkeiten junger Menschen, sondern beeinträchtigt auch die Chancen einer Gesellschaft, sich in wichtigen Fragen neu zu orientieren, angesichts vieler ungelöster Probleme einmal innezuhalten, um zur Besinnung zu kommen und dann einen Aufbruch zu wagen. Vielleicht sollte man den Phasen, in denen sich Einzelne oder Gemeinschaften über die Richtung ihrer Entwicklung klar werden wollen, vielleicht sollte man all den Diskussionen um Standortbestimmungen und Zielvorstellungen – etwa im Bereich der Biotechnologien oder der Digitalisierung – wieder verstärkt den Charakter von Unterbrechungen und Moratorien geben, die es erlaubten, eine gelungene Neuorientierung, eine Änderung der Ziele und Perspektiven auch als bewusste, wohlüberlegte Entscheidungen zu erfahren.

Im Selbstverständnis unserer Gesellschaft und ihrer Akteure ist für solche Zäsuren allerdings kein Raum mehr. Der von al-

len akzeptierte Imperativ des bedingungslosen Immerwei-
ter erlaubt kein Innehalten, schon gar keine Umkehr, um andere Pfade als die beschrittenen zu versuchen. Die Fortsetzung
noch der unsinnigsten Reform wird ja – gerade auch im Bildungsbereich – gerne mit dem Hinweis begründet, dass man
doch nicht zu alten Zuständen zurückkehren könne. Das ist
ungefähr so plausibel wie die Empfehlung an einen Autofah-
rer, der sich in eine Sackgasse manövriert hat, doch unbedingt
weiterzufahren, notfalls auch gegen eine Wand, denn er werde
doch nicht umdrehen wollen und dorthin zurückkehren, wo er
schon einmal gewesen ist. Innehalten, um Fehlentwicklungen
zu korrigieren, erfordert auch den Mut, Denk- und Atem-
pausen einzulegen, Distanz zu gewinnen und notfalls zu einem Ausgangspunkt zurückzukehren, um von dort eine andere Richtung einzuschlagen. Die Kraft zu einem wirklichen
gesellschaftlichen Wandel erwächst aber vielleicht erst aus einer Phase der Ruhe und Besinnung, sie entspringt unmittelbar
der Muße, die wir glauben, verachten zu müssen.

  Dabei könnte unsere Zeit der Muße und ihren Möglichkeiten durchaus hold sein. Die Eliten der Antike konnten die
Muße und mit ihr die Musen feiern und die Arbeit verachten,
weil man sich für diese die Sklaven hielt. Ein Gutteil der Arbeit
in hochentwickelten Gesellschaften wird mittlerweile von
Maschinen und Apparaten erledigt. Warum spüren wir eigentlich nichts von dieser Entlastung? Warum sind wir Gehetzte,
obwohl mehr Menschen denn je ihrem Leben eine Gestalt geben könnten, in der die Muße eine gleichermaßen befreiende
wie produktive Rolle spielen könnte? Warum organisieren wir
sogar unsere Freizeit als einen Wettbewerb, der uns keine Zeit
zum Atmen lässt? Könnte es nicht auch reizvoll sein, einmal
kurz innezuhalten mit einem Modell zu experimentieren,

das die Muße nicht verachtet, aber auch nicht nur als mentale Ressource zur Effizienzsteigerung missbraucht, sondern als eine erstrebenswerte Dimension des Lebens, als eine wesentliche Seite unseres Daseins wieder anerkennt? Solch eine Neuorientierung, hin zur Muße, wäre unter aktuellen Bedingungen tatsächlich eine soziale Innovation. Im Bildungsbereich könnte man damit schon einmal beginnen.

UND ERLÖSE UNS
VON DEM ÜBEL

Bildung als säkularisierte Religion

Wer heute von Bildung spricht, glaubt an Wunder. In keinen Bereich des Lebens wird so viel Hoffnung gesetzt wie in den der Bildung, es gibt keine Instanz, der man so viel zutraut wie der Bildung. Bildung gilt als unerschöpfliche Ressource rohstoffarmer Länder im globalen Wettbewerb, Bildung ist das Medium, mit dem Mädchen, Migranten, Flüchtlinge, Außenseiter, Unterschichten, Behinderte und unterdrückte Minderheiten emanzipiert, gefördert, integriert und inkludiert werden sollen, Bildung schützt Jugendliche vor den Verführungen durch Drogen, dem Islamischen Staat, der AfD und Pegida, Bildung ist der Weg, auf dem Kinder alle Formen der Sexualität kennenlernen, um dann herauszufinden, ob sie homo-, inter-, trans- oder eher doch heterosexuell orientiert sind, Bildung ist das Mittel, mit dem Vorurteile und Diskriminierungen aller Art abgebaut, politisch korrekte Denk- und Sprechweisen eingeübt, Fettleibigkeit und Magersucht verhindert und die Jobs der Zukunft gesichert werden. Und ganz nebenbei befördert Bildung auch das Glück der jungen Menschen und senkt in reproduktionsstarken Gesellschaften die Fertilitätsrate.

Wer heute von Bildung spricht, glaubt an Wunder. Es gibt nichts, was man den Schulen nicht zutraut. Chancengleichheit für alle und Elitenbildung, Hochbegabtenförderung und Integration aller Benachteiligten, soziales Miteinander und Wettbewerbsvorteile für jeden, Beschwörung der Kreativität und Normierung des Denkens, Aufruf zur Kritik und Anleitung zur Affirmation, Erwerb der Kulturtechniken bei gleichzeitiger Verabschiedung derselben, Kompetenzorientierung als Akklamation aller erdenklichen Inkompetenzen, Individualisierung als Standardisierung, Bestnoten noch für die Schlechtesten. Da die Wirklichkeit vor diesem Glauben und seinen Zumutungen aber regelmäßig versagt, muss eine Schulreform die andere jagen, denn von jeder verspricht man sich endlich die Einlösung aller Versprechen, die Erfüllung der unterschiedlichsten Wünsche, die Erlösung von allen Übeln. Gesamtschule, Gemeinschaftsschule, Projektunterricht, autonomes Lernen, *Flipped Classroom*, Lernbegleiter, zentrale Reifeprüfungen, reformierte Lehrpläne und innovative Organisationsformen lösen als *Dernier Cri* des Reformfurors einander im Jahresrhythmus ab, und wenn alles nicht mehr hilft, ertönt der Ruf nach neuen Medien im Unterricht. Wer heute von Bildung spricht, glaubt an Wunder.

Dass es keine Wunder gibt, glauben allerdings nur die Ungläubigen. Bildung ist zum vielleicht mächtigsten Religionsersatz in einer säkularisierten Gesellschaft geworden. Bildung, vor allem in ihrer digitalisierten Form, ist das enzyklopädische Kompendium dieser Welt, Bildung versprüht ungebrochenen Enthusiasmus in einer krisengeschüttelten Gesellschaft, Bildung ist ihre moralische Sanktion, ihre feierliche Ergänzung, ihr allgemeiner Trost- und Rechtfertigungsgrund. Bildung ist der Seufzer der vom Konkurrenzkampf bedrängten Kreatur, das Gemüt einer herzlos gewordenen neoliberalen Welt, Bildung ist der Geist längst geistlos gewordener Zustände.

Bildung ist der imaginäre Raum, in den die Menschen nun ihre Sehnsüchte projizieren können. Bildung verspricht Aufstieg für die unteren Schichten, Rettung für die Verlorenen, noch größeren Vorsprung für die Privilegierten und die besten Chancen für alle. Bildung ist das neue Opium des Volkes.

Um Bildungsfragen entbrennen Glaubenskriege, dogmatische Wahrheiten, die nicht angezweifelt werden dürfen, dominieren den Diskurs, die OECD, Testkonsortien und die Bertelsmann-Stiftung erscheinen als Bildungskirchen, deren Vertreter und Adepten als Priester und Propheten predigend durch die Lande ziehen, um ihre Heilsbotschaft zu verkünden. Denn in der Welt des real existierenden Bildungsgeschehens leben und arbeiten noch viel zu viele Sünder, die vom falschen Weg abgebracht werden müssen. Es gibt ja immer noch Menschen, die ein differenziertes Schulsystem für sinnvoll, geistig-kulturelle Inhalte und Wissen für notwendig, Kompetenzen für eine Chimäre, Leistung für wichtig, Inklusion für problematisch, Individualisierung für einen Trick und Tablets für verzichtbar halten. Ihnen machen die Prediger klar, dass mit solch einem pädagogischen Lebenswandel das Seelenheil – PISA – nicht erreicht werden kann. Einsicht in das irdische pädagogische Jammertal ist notwendig, Zerknirschung über die eigene Sündhaftigkeit ist angebracht, die Herzen sollen weit geöffnet werden, um den heiligen Reformgeist zu empfangen. Wer sich diesem verschließt, landet in der medialen Hölle, dort, wo sich die Unverbesserlichen, die Reaktionäre, die Humboldtianer, die Althumanisten, die Reformzweifler, die Orthografiefetischisten, die Buchmenschen, mit einem Wort: die Bildungsketzer tummeln.

Die Glaubenssätze der Bildungsreligion stehen fest, auch wenn sie sich mit jedem Reformschub ein wenig ändern. Aktuell lautet das Bildungsglaubensbekenntnis: Ich glaube daran, dass jedes Kind gleich, aber einzigartig ist, voll von Begabungen und Talenten, die entdeckt und gefördert werden können; ich glaube daran, dass jedes Kind kreativ und innovativ ist und nur durch ein schlechtes Schulsystem daran gehindert wird, selbst alles zu entdecken, was es zu entdecken gibt; ich glaube, dass jedes Kind am besten selbst weiß, was und wie es lernen will; ich glaube an die Segnungen der Digitalisierung, die es jedem erlaubt, jederzeit alles zu lernen und alles zu wissen; ich glaube deshalb, dass die Belastung des jugendlichen Gedächtnisses mit Wissen unnötig, ästhetische Kanons ein Übel, Inhalte verwerflich und Frontalunterricht des Teufels ist; ich glaube an den Lehrer als Coach, als Begleiter, als Berater, der sozial kompetent im Hintergrund autonomer Lernprozesse lauert und dem nur eines verboten ist: zu lehren. Ich glaube an Teams, an Projekte, an Kommunikation. Ich glaube an die Heilige Dreifaltigkeit von Kompetenzorientierung, Individualisierung und Standardisierung. Ich glaube an die inklusive Schule und an die inklusive Gesellschaft; ich glaube an die Matura, das Abitur für alle.

Wie jeder Gläubige findet auch der Bildungsgläubige seine Bestätigung, seine Kraft und seine Stärke, sollten doch Zweifel an seinem Glauben nagen, in einer Pilgerfahrt. Bildungspilger sind ständig unterwegs, in Scharen zog es sie ins gelobte PISA-Land, also nach Finnland, dann, gestärkt und frohen Mutes, geht es zu den Tempeln der Bildungsreligion, Vorzeigeschulen, wie sie mittlerweile auch in Berlin stehen können. Solche Pilgerfahrten stärken den Glauben; niemand kam aus Finnland zurück und zweifelte an der Sinnhaftigkeit von PISA, niemand besucht eine Modell- oder Leuchtturmschule und wagt es, danach noch kritische Fragen zu stellen. Im Gegenteil: Auf einer Pilgerfahrt gewesen zu sein verschafft in Disputen über die wahre Bildungsreligion unbezahlbare Vorteile. Wer einen Beitrag mit dem Satz »Wie ich bei meinem letzten Besuch in Helsinki …« beginnen konnte, hatte in der Regel schon gewonnen.

Seit Finnland allerdings im PISA-Ranking zurückfällt und sich das Gerücht verbreitet, dass sich die ersten, spektakulären Erfolge nicht auf das moderne Bildungswesen, sondern noch auf das alte, konservative System früherer Jahre zurückführen lassen, macht sich Unbehagen breit. Ob man Finnland nun auch in der Abschaffung der Handschrift und bei der Auflösung der traditionellen Fächer folgen soll, ist nicht mehr ganz so sicher. Als neues Ziel einer Pilgerfahrt bietet sich deshalb das Silicon Valley an, denn dort findet Zukunft, auch die Zukunft der Bildung, schon statt. Hier kann man lernen, dass man die Menschheit in zwei Gruppen einteilen kann, in die »Lerner« und die »Nichtlerner«. Und so wie die Prediger früherer Jahre Gesangbücher verkauften und einen schwunghaften Ablasshandel betrieben, werden von den neuen Heilsverkündern nun die Tablets flächendeckend an die unter Bildungsnot leidenden Kinder verteilt. Wo diese Fahrten auch immer hingehen, eines ist sicher: Pilger werden zu Missionaren, die im Dienste ihrer Religion die Tauben und Verstockten auf den rechten Weg bringen wollen.

Wie in der Religion der Erlöser nimmt in der säkularen Welt die Bildung die Schuld der Menschen auf sich. Alles, was Erwachsene tun – Vorurteile und Stereotype verbreiten, Intoleranz praktizieren, das Fremde ausgrenzen, Umwelt zerstören, Wirtschaftskrisen produzieren, Klima verändern, Kriege führen –, wird gut, wenn man mit dem Kampf gegen diese Übel nur früh genug anhebt, und das heißt eben: Bildung. Im Satz

»Damit muss man in der Schule beginnen« drückt sich diese Entlastungsstrategie am besten aus. So wie vor Zeiten die Sehnsüchte des Menschen nach einer erlösten Welt in ein Jenseits projiziert wurden, werden sie nun in ein Vorseits verlagert: zwar im Diesseits, aber in einem generellen Davor. Bevor die Härte des Erwachsenenlebens mit Wettbewerb, Ungerechtigkeit, Prekariat, Brutalität, Gier, Geiz, Neid und Hass beginnt, ist alles gut. Vor der Reifeprüfung, besser noch vor dem Bachelor muss die Welt in Ordnung sein. Es müssen Chancengleichheit und Chancengerechtigkeit herrschen, niemand darf kognitive oder milieubedingte Vorteile geltend machen, die Gendersensibilität hat sich fest in allen Äußerungsformen eingenistet, niemand darf vernachlässigt oder gar ausgeschlossen werden, und vor allem: Niemand ist für das, was er tut oder kann, nicht tut oder nicht kann, verantwortlich.

Die ohnehin kargen Investitionen ins Bildungssystem sind deshalb auch eine moderne Form des Ablasshandels. Dadurch kaufen sich die Erwachsenen von ihren Sünden frei. Natürlich könnte man auch selbst die Umwelt retten und auf das Auto verzichten. Aber warum sollte man das tun, wenn man in Klimaerziehung an den Kitas, Kindergärten und Grundschulen investieren kann? Natürlich könnte man eine Finanztransaktionssteuer beschließen, um die wachsende soziale Ungleichheit zu bekämpfen. Aber warum sollte man das tun, wenn es genügt zu fordern, dass kein Kind zurückbleiben darf?

Keine Religion kommt aus ohne heilige Wandlung. Etwas Profanes wird durch die Berührung eines Priesters oder Eingeweihten zu einem sakralen Ereignis, der Einbruch des Göttlichen in die Welt des Alltags. In der Bildungsreligion übernimmt die Reform diese Funktion. Jede Bildungsreform verwandelt ein Stück sozialpädagogischer Banalität in ein transzendentes Geschehen und rückt alles näher an die Erlösung. So führt die Kompetenzorientierung zu einer wundersamen Vermehrung der Fähigkeiten junger Menschen, die Absolventen einer Grundschule beherrschen dann schon einmal über fünftausend Kompetenzen, dagegen war die Verwandlung von Wasser in Wein bei der Hochzeit zu Kana ja gerade einmal eine Fingerübung. Und so geht es weiter: Das Zentralabitur verwandelt durchschnittliche Schüler in Hochbegabte, die Inklusion verwandelt Behinderte in anders Begabte, die Individualisierung verwandelt durchschnittliche, am Unterricht eher desinteressierte Medienkonsumenten in neugierige Jungforscher, und die Bologna-Reform schließlich macht Studienabbrecher zu Bachelors.

Die politisch korrekte und gendersensible Sprache und die Sucht, immer neue, immer korrektere, immer positivere, immer gendersensiblere Formulierungen zu finden, zehrt wesentlich von diesem Glauben an den Wandel durch inbrünstig vorgetragene Bezeichnungskaskaden, durch die sich die Schafe von den Böcken scheiden. Und wie bei den religiösen Wandlungen entscheidet einzig der Glaube, was es damit auf sich hat. Für den Ungläubigen sind solche sprachlichen Verrenkungen einfach albern, für den Gläubigen der erste und wichtigste Schritt zur Erlösung von allen Übeln.

Natürlich, das war jetzt alles überzogen, zugespitzt, polemisch und ein wenig blasphemisch. Nüchtern betrachtet ist es aber nicht zu leugnen, dass in säkularen Gesellschaften der Bildung eine quasireligiöse Funktion zugeschrieben werden muss. Nur Bildung erlaubt es, den Gedanken, dass jeder Mensch einerseits erlösungsbedürftig und andererseits erlösungsfähig sei, jenseits eines religiösen Konzeptes aufrechtzuerhalten. Wenn das Glück des Menschen – theologisch gesprochen: sein Heil –

von Bildung abhängt, dann gründen die Übel dieser Welt schlicht darin, dass es noch zu wenig oder die falsche Bildung gibt und dass manche Menschen von dieser Bildung ferngehalten werden. Gelänge es nur, diese Barrieren niederzureißen, stünde auch deren Glücks- und Lebenschancen und einer gerechten Gesellschaft nichts im Wege. Deutlich zeigt sich hinter dem aktuellen Bildungsdiskurs die Sehnsucht nach einem paradiesischen Zustand, in dem eine kindliche Unschuld gelebt wird und der kommunistische Grundsatz gilt: Jeder nach seinen Fähigkeiten, jedem nach seinen Bedürfnissen. Und wie bei allen Vorstellungen vom Paradies spricht nichts, aber auch gar nichts gegen diese – nur das eine: dass wir nicht im Paradies leben.

JEDER NACH SEINEN FÄHIGKEITEN, JEDEM NACH SEINEN BEDÜRFNISSEN

Über den Widerspruch
von Bildung und Wettbewerb

Bildungsinitiativen und Bildungsreformkonzepte aller Art scheinen gegenwärtig ungeachtet allfälliger ideologischer Differenzen in einem einig zu sein: Im Zentrum aller Bildungsanstrengung muss das Kind stehen, seine Talente sollen zum Blühen gebracht werden, für alle sollen die gleichen Chancen gelten, und niemand darf zurückbleiben. Individualisierung und Inklusion sind deshalb die zentralen Schlagworte, die mittlerweile den Charakter von Glaubenswahrheiten angenommen haben, die keinen Widerspruch mehr erlauben. Wer gegen Individualisierung und gegen Inklusion argumentieren wollte, machte sich sofort verdächtig, ungerechte Verhältnisse fortschreiben und die Chancen von Menschen beschneiden zu wollen. Diesem Vorwurf kann und will sich natürlich niemand aussetzen. Dass die rezenten Schulsysteme Bildungsprivilegien verstärken, der »Vererbbarkeit« von Bildung wenig bis nichts entgegensetzen und Kinder aus den sogenannten bildungsfernen Schichten dadurch systematisch benachteiligt und ausgegrenzt werden, gehört zu den Grundüberzeugungen modernen Bildungsdenkens.

Dass es einmal Aufgabe von Schulen gewesen ist, eine – im Idealfall an den kognitiven Leistungen des Einzelnen orientierte – soziale Selektion vorzunehmen, kann nur als Relikt einer finsteren Epoche gewertet werden. Dass Bildungsinitiativen sich dann auch Namen wie »Bildung grenzenlos« oder »Jedes Kind« geben, ist nicht nur Programm, sondern auch unmittelbare Kritik an jenem System, das eben nicht grenzenlosen Zugang zur Bildung gewährt und eben nicht jedem Kind die ihm zustehenden Chancen eröffnet. Und dass in diesen Zusammenhängen immer wieder von einer notwendigen »Bildungsrevolution« gesprochen wird, sogar im Bildungspapier der Österreichischen Industriellenvereinigung, die ja ansonsten revolutionärer Umtriebe nicht gerade verdächtig ist, vervollständigt dieses Bild.[1]

Das Prinzip »Jeder (lernt) nach seinen Fähigkeiten, jedem (werden die Angebote) nach seinen Bedürfnissen (maßgeschneidert)« scheint im Hintergrund dieser Haltung zu wirken, ja, es scheint genau das zu beschreiben, was für eine inklusive Schule gefordert wird. Die Orientierung an den individuellen Fähigkeiten der Schüler, die Entdeckung und Pflege ihrer besonderen Talente und Begabungen, die Berücksichtigung ihrer Beeinträchtigungen und Abneigungen tritt an die Stelle der Vorstellung, dass Unterricht wesentlich damit zu tun haben könnte, bestimmte Formen und Inhalte des Wissens als verbindliche Ziele zu beschreiben, die unabhängig von persönlichen Neigungen angestrebt werden sollten. Lernangebote müssen deshalb individuell zugeschnitten werden, die Vermittlung von Wissen, Kenntnissen und Können orientiert sich nicht mehr an der Sache, am Gegenstand, an einem Fach, Thema, Text oder Problem, sondern an den Befindlichkeiten und Möglichkeiten des Einzelnen. Konsequent zu Ende gedacht, bedeutete dies, dass Abschlussbescheinigungen wie etwa Reifeprüfungszeugnisse nicht mehr für den Nachweis vergeben werden, dass allgemeinverbindliche Standards erreicht worden sind, sondern dafür, dass jeder Jugendliche im Rahmen seiner Möglichkeiten und seiner Interessen sich einigermaßen entfalten konnte.

Jeder nach seinen Fähigkeiten, jedem nach seinen Bedürfnissen: Diese Formel entspringt allerdings nicht der bildungspolitischen Diskussion der Gegenwart, sondern stammt von Karl Marx, der mit dieser griffigen Parole das Grundprinzip der entwickelten kommunistischen Gesellschaft beschrieb: »In einer höheren Phase der kommunistischen Gesellschaft, nachdem die knechtende Unterordnung der Individuen unter die Teilung der Arbeit, damit auch der Gegensatz geistiger und körperlicher Arbeit verschwunden ist; nachdem die Arbeit nicht nur Mittel zum Leben, sondern selbst das erste Lebensbedürfnis geworden; nachdem mit der allseitigen Entwicklung der Individuen auch ihre Produktivkräfte gewachsen und alle Springquellen des genossenschaftlichen Reichtums voller fließen – erst dann kann der enge bürgerliche Rechtshorizont ganz überschritten werden und die Gesellschaft auf ihre Fahne schreiben: Jeder nach seinen Fähigkeiten, jedem nach seinen Bedürfnissen!«[2] Marx, der, anders als viele seiner Kritiker es vermuten, kein Utopist gewesen ist, wusste noch, dass die uneingeschränkte Entfaltung von Individualität einer materiellen Basis bedarf, die es erlaubt, die Lebenschancen des Einzelnen gerade nicht davon abhängig zu machen, ob er sich durch eine Kette von Ausbildungen und Qualifikationen am Arbeitsmarkt gegen eine mitunter übermächtige Konkurrenz wird behaupten können. Diese Möglichkeit hatte Marx weit in die Zukunft, in eine »höhere Phase« einer kommunistischen

Gesellschaft verschoben. In der Realität waren die kommunistischen Gesellschaften schon viel früher gescheitert.

Nun mag ja, auch nach 1989, noch das eine oder andere für den Kommunismus sprechen, und in manchen reformpädagogischen Konzepten mögen bewusst oder unbewusst altlinke Ideen noch immer eine Rolle spielen, dass aber auch liberale Parteien wie die österreichischen NEOs oder Arbeitgeberverbände Vertreter dieser Ideologie sein sollten, wäre doch eher neu. Es muss deshalb die Frage erlaubt sein, warum das Prinzip des Kommunismus für Kindergärten, Volks- und Gesamtschulen bis zur »mittleren Reife«, vielleicht sogar bis zur Matura gültig sein darf, dann aber offenbar abgelöst werden sollte durch die Gesetze des Marktes und des Wettbewerbs. Plausibel wäre in diesem Zusammenhang doch höchstens die Vorstellung, dass die Kinder und jungen Menschen, die mit dieser kommunistischen Pädagogik aufgewachsen sind, später auch die Gesellschaft in diesem Sinne umgestalten werden. Die geforderte Revolution des Schulsystems stünde dann gleichsam an Stelle der gesellschaftlichen Revolution, wäre das Trojanische Pferd, das den Boden für eine andere Gesellschaft bereiten sollte. Ob das die NEOs und die Industriellenvereinigung wirklich wollen? Eine andere Erklärung wäre die These, dass eine kommunistische Erziehung die beste Voraussetzung für das Leben im Kapitalismus sein könnte. Das wäre durchaus originell, aber zumindest für jene erklärungsbedürftig, die davon ausgehen, dass man mit Konkurrenzdenken und Steigerung der Wettbewerbsfähigkeit nicht früh genug beginnen kann. Bertolt Brecht immerhin, der dem Kommunismus nicht ganz abhold gewesen ist, ging noch davon aus, dass der Schüler im Unterricht die Erfahrung von »Rohheit, Bosheit und Ungerechtigkeit« machen können muss, um im Kapitalismus überleben zu können, eine Schule, die die Kinder »gerecht und verständig« behandelte, würde diese »unerzogen, ungerüstet, hilflos« einer Gesellschaft ausliefern, in der sie eben »fair play, Wohlwollen, Interesse« gerade nicht erwarten dürfen.[3] Das mag ironisch gewesen sein, hat aber den Vorzug der Deutlichkeit.

Tatsächlich, und das können wir allemal von Marx lernen, müsste ein Bildungskonzept, das sich am Individuum, seinen Fähigkeiten und Bedürfnissen orientiert und all diesen Fähigkeiten und Bedürfnissen den gleichen gesellschaftlichen, sozialen, ethischen und ökonomischen Wert beimisst, Verhältnisse voraussetzen können, in denen die Springquellen des materiellen Reichtums für alle so fließen, dass diese individuell gestaffelten Fähigkeiten und Bedürfnisse eben gerade nicht als Waffen im Kampf um knappe Ressourcen und Lebenschancen eingesetzt werden müssen. Solange diese Verhältnisse nicht gegeben sind und die Springquellen des Reichtums nur für wenige fließen, bleiben diese Fähigkeiten, ihre Schulung und Bildung vor allem für die Mittel- und Unterschichten auch weiterhin Strategien, um die eigenen Bedürfnisse auf Kosten der Bedürfnisse anderer befriedigen zu können. Es müssen dann jene Talente zum Blühen gebracht und jene Begabungen entfaltet werden, die für diesen Wettbewerb Vorteile verschaffen. Friedrich Nietzsche hatte mit seinem untrüglichen Gespür für die Wahrheit sozialer Verhältnisse diese Funktion einer vor allem kompetenzorientierten Bildung schon im 19. Jahrhundert scharfsichtig erkannt und beschrieben: Schulen sind, so Nietzsche durchaus mit Anerkennung, »Stätten, an denen man ordentlich rechnen lernt, wo man sich der Verkehrssprachen bemächtigt, die Geographie ernst nimmt und sich mit den erstaunlichen Erkenntnissen der Naturwissenschaft bewaffnet«.[4]

Man achte auf die Verben: lernen, bemächtigen, ernst nehmen, bewaffnen! Nietzsche hatte wenigstens begriffen, was Wettbewerb bedeutet.

An der Frage der Förderung individueller Talente und Begabungen zeigt sich dann auch durchaus eine gewisse Widersprüchlichkeit. Das Bekenntnis zur Individualisierung wird konterkariert durch die Einsicht, dass diese Talente nicht um des Einzelnen willen entfaltet werden sollen, sondern weil es sich eine moderne Gesellschaft aus Wettbewerbsgründen nicht erlauben kann, ungenutzte Potenziale brachliegen zu lassen. Hinter der Rhetorik der Individualität steht letztlich das Konzept des jungen Menschen als Humankapital, das effizient eingesetzt und verwertet werden muss. Um im Bildungswesen Klarheit zu schaffen, wäre es vielleicht besser, dies deutlich auszusprechen. Dass es dem Einzelnen, in dessen Anlagen nun investiert wird, trotzdem oder gerade deshalb auch möglich sein könnte, sich zu einer gebildeten Persönlichkeit zu entwickeln, ist dabei nicht ausgeschlossen. Früher hätte man solche ambivalenten Prozesse unter dem Stichwort »Dialektik« verbucht.

Bildung hatte immer schon zwei Seiten: die Entwicklungs- und Entfaltungsmöglichkeiten des Einzelnen und die Ansprüche einer Gesellschaft. Bildung bedeutet die Steigerung individueller Entfaltungsmöglichkeiten durch die Aneignung jener Kenntnisse, Techniken, Traditionen und Fähigkeiten, die eine Gesellschaft für wichtig und verbindlich erachtet. Geht dieser Zusammenhang verloren, wähnen wir die Bildungssysteme in der Krise. Dies ist gegenwärtig der Fall. Natürlich ist dies nicht immer leicht in Einklang zu bringen, und es liegt schon auch eine gewisse Ironie – oder Gedankenlosigkeit? – darin, dass wir problemlos in einem Atemzug die Individualisierung und die Standardisierung von Bildungsprozessen fordern können. Und wenn Individualisierung nur bedeuten soll, schüler-zentrierte Methoden und Lernzeiten anzubieten, um den allgemeinen Standards zu genügen, dann sollte man dies vielleicht nicht Individualisierung nennen. Denn die wahre Individualisierung in einem Bildungsprozess meinte etwas anderes: dass der Einzelne in Auseinandersetzung mit sich und der Welt, mit dem Wissen und der Kultur erfährt, was er und wie er in dieser Welt sein kann. Mündigkeit nannte man dieses Ziel eines bildenden Selbstgewinnungsprozesses einmal, ein Begriff, der heute keine Rolle mehr spielt.

Es war ebenfalls Nietzsche, der erkannt hat, dass die Forderung nach einer Bildung für alle, die kein Kind zurücklassen muss, nur in der Schulung jener Kompetenzen bestehen kann, die für den Wettbewerb fit machen, nicht aber in der Vermittlung einer Bildung, die individuell in dem Sinn wäre, dass deren Ziele nicht für jeden erstrebenswert und erreichbar sein müssen. Nur die Orientierung am Nützlichen, nicht etwa die am Musischen oder Geistigen erlaubt diese Universalisierung des Bildungsanspruches: »Ich glaube bemerkt zu haben, von welcher Seite aus der Ruf nach möglichster Erweiterung und Ausbreitung der Bildung am deutlichsten erschallt. Diese Erweiterung gehört unter die beliebten national-ökonomischen Dogmen der Gegenwart. Möglichst viel Erkenntnis und Bildung – daher möglichst viel Produktion und Bedürfnis – daher möglichst viel Glück – so lautet etwa die Formel. Hier haben wir den Nutzen als Ziel und Zweck der Bildung, noch genauer den Erwerb, den möglichst großen Geldgewinn. Die Bildung würde ungefähr von dieser Richtung aus definiert werden als die Einsicht, mit der man sich ›auf der Höhe seiner Zeit‹ hält, mit der man alle Wege kennt, auf denen am leichtesten Geld gemacht wird, mit der man alle Mittel beherrscht, durch die der Verkehr zwischen Menschen und Völkern geht.« Das aber bedeutet – und diese Einsicht ist klar auszusprechen: »Jede Bildung ist hier verhaßt, die einsam macht, die über Geld und Erwerb hinaus Ziele steckt, die viel Zeit verbraucht [...]. Dem Menschen wird nur so viel Kultur gestattet als im Interesse des Erwerbs ist, aber so viel wird auch von ihm gefordert.«[5] An dieser Einsicht hat sich wenig geändert, besser können die Beweggründe für Kompetenzorientierung und Effizienzsteigerung im Bildungswesen nicht formuliert werden. Unübersehbar bleibt aber, dass ein Widerspruch besteht zwischen dem bei vielen wohl ehrlichen Wunsch, jedem in seinen Bedürfnissen und Fähigkeiten gerecht werden zu können, und der Notwendigkeit, genau jene Fähigkeiten und Bedürfnisse nur in dem Maße zu schulen und zu produzieren, in dem Märkte, Unternehmen, Evaluierungsagenturen und Bürokratien sie benötigen.

Dass Bildung deshalb das Instrumentarium wäre, die sozialen Differenzen auszugleichen und die Voraussetzungen für eine gerechtere Gesellschaft zu schaffen, stimmt bestenfalls auf der Ebene jenes Überlebenstrainings, das möglichst viele Menschen für die Märkte disponibel machen soll. Eine Bildung, die darüber hinausgeht, wird sich deshalb auch nie von jenen unterschiedlichen Milieus, Begabungen und Interessen frei machen können, die dem Einzelnen einen möglichen anderen Bildungshorizont erahnen lassen. Dass Bildung keine Herkunft kennen darf, ist ein Wunsch, von dem nicht einmal zu sagen wäre, ob es ein frommer Wunsch ist. Denn Bildung in einem unverkürzten Sinn lebt wesentlich von der Vergangenheit, vom Wissen, den Technologien, den Kunstwerken, den Religionen und Weltanschauungen, den Literaturen, die von Menschen hervorgebracht wurden und auf denen Menschen aufbauen und an denen sie weiterarbeiten können. Diese Errungenschaften waren und sind aber nicht gleichmäßig über alle verteilt, und natürlich spielt dafür die Herkunft eine Rolle. Es überrascht ja überhaupt, wie sehr Menschen, die an anderer Stelle das Erbrecht mit Klauen und Zähnen verteidigen, sich über die Tatsache, dass auch die Disposition für Bildungserfahrungen »vererbt« werden, empören können. Dass die realen materiellen Lebensgrundlagen wie Besitz, Vermögen, Geld vererbt werden, ist für viele offenbar moralisch weniger anrüchig als die Vermutung, dass es noch immer Eltern gibt, die mit ihren Kindern lesen oder in ein Konzert gehen und diese dadurch eine andere Einstellung zur Kultur entwickeln als solche, denen solche Erfahrungen verwehrt bleiben.

Man kann sich des Eindrucks nicht erwehren, dass das Bildungssystem das schlechte Gewissen der Erwachsenenwelt auffangen soll – so, als würde die Vererbbarkeit von materiellem Vermögen keine Rolle mehr spielen, gelänge es nur, die Vererbbarkeit von Bildung aufzuheben, und sei es nur in dem Sinne, dass kein Kind mehr mitbekommen darf, als ein Kindergarten oder eine Grundschule gerade noch anzubieten haben. Eines allerdings stimmt doch: In der Idee der Bildung steckt schon auch der Gedanke, dass die eigene soziale Herkunft und ihre Bedingungen durch Bildung gesprengt werden können und Bildung, im Gegensatz zu Gütern, die exklusiven Eigentumscharakter haben, prinzipiell jedem offensteht. Bildung war deshalb auch ein Instrument, mit dem das Bürgertum gegen die Privilegien der Aristokratie ankämpfte. Nicht die Zugehörigkeit zu einem Stand, der Geist sollte über den Wert eines Menschen entscheiden. Mit dem Verschwinden des Bildungsbürgertums ist aber auch diese Konzeption von Bildung obsolet geworden.

Einerseits also darf kein Kind zurückbleiben, andererseits soll Bildung aber nach wie vor der entscheidende Faktor sein, der über die soziale und ökonomische Position, die jemand in der Gesellschaft einnehmen soll, ebenso entscheidet wie über die Wettbewerbsfähigkeit einer Volkswirtschaft. Hier liegt ein unauflösbarer Widerspruch vor: Wettbewerbe kennen wohl Chancengleichheit, aber keine Chancengerechtigkeit, sonst gäbe es keine Sieger – diese aber sind der Sinn jedes Wettbewerbs. Es fragt sich überhaupt, ob Begriffe wie Chancengleichheit oder Chancengerechtigkeit nicht mehr verraten, als es denen, die diese Begriffe gerne gebrauchen, lieb sein kann. Denn in der Chance stecken schon der Zufall und die Wahrscheinlichkeit. Eine Chance bezieht sich immer auf Ereignisse, die eintreten können, aber nicht eintreten müssen, eine Chance nutzen können impliziert immer, dass man sie auch ungenutzt lassen könnte. Chancen kann man auch vorübergehen lassen, und das ist kein Akt der Ungerechtigkeit. Ich darf nur niemandem seine Chancen vorenthalten. Aber gerade wenn jeder seine Chance hat, bedeutet dies, dass nicht jeder sie in gleicher Weise wird nutzen können – das mag an ihm liegen oder an Verhältnissen, die Chancen auch zunichtemachen können.

Wenn alle, was Bildung betrifft, nicht nur die gleichen Chancen haben, sondern auch dafür gesorgt werden könnte, dass diese Chancen und ihre Nutzung gerecht verteilt würden, also auch jede Chance genutzt wird, könnten oder dürften davon auch keine ökonomischen und sozialen Positionen mehr abgeleitet werden. Das Leistungsprinzip des bürgerlichen Zeitalters besagte ja, dass über die soziale Stellung in einer Gesellschaft die Bildung zumindest mitentscheiden soll. Die viel kritisierte Selektionsfunktion der Schule gehorchte – recht verstanden – diesem Imperativ. Setzen wir diesen aus guten Gründen außer Kraft, dann müssen die sozialen Positionen – wie in vorbürgerlichen Zeiten – nach anderen Kriterien verteilt werden: Familie, Geld, Beziehungen, Aufenthalt (nicht Bildung) an elitären und teuren Einrichtungen sind dann wieder die entscheidenden Faktoren. Zu den aufrüttelnden Ergebnissen der Studie über des Kapital im 21. Jahrhundert von Thomas Piketty gehört gerade der Nachweis, dass Vermögen und damit soziale Positionen sich auf immer weniger Menschen konzentrieren und Bildung gerade kein ausreichendes Mittel darstellt, um diese Exklusionen aufzubrechen.[6]

Formale Bildungsabschlüsse, die ursprünglich Chancen für diejenigen eröffnen sollten, die mit diesen Abschlüssen auf eine bedeutende Leistung verweisen konnten, verlieren diese Funktion dann, wenn alle oder sehr viele diese Abschlüsse erhalten und Zweifel an den damit bescheinigten Leistungen und Qualifikationen laut werden. Dass Universitäten und Hochschulen längst dazu übergegangen sind, ihre eigenen Anforderungen zu formulieren und die Eignung von Kandidaten nach ihren Kriterien zu überprüfen, korrespondiert mit der Entwertung der Matura: Diese stellt keine allgemeine Hochschulberechtigung mehr dar. Unter solch einer Entwicklung leidet durch eine frühe Spezialisierung nicht nur die Idee der Allgemeinbildung, sondern die wirklichen akademischen und beruflichen Karrierechancen eröffnen sich dann nur für diejenigen, die sich die Vorbereitungskurse für Aufnahmeprüfungen und die Studiengebühren für renommierte Eliteuniversitäten leisten können. Die anderen landen im akademischen Prekariat.

Neu ist das alles nicht. Der im Jahre 1974 verstorbene und zu Unrecht vergessene Frankfurter Bildungsphilosoph Heinz-Joachim Heydorn hatte schon viel von dem antizipiert, was die aktuelle Situation kennzeichnet, und mit scharfen Worten for-

muliert: »Der Bildungsschock rückte die ökonomische Relevanz von Bildung in den Mittelpunkt, auf dem Hintergrund
verlangsamter Wachstumsraten. Es wird jedoch deutlich, dass
die ökonomische Relevanz institutionalisierter Bildung über-
schätzt worden ist [...] Wird die Schule auf allgemeine Kondi-
tionierungsmaßnahmen, Vermittlung von Zivilisationstechni-
ken, Therapie und Selektion beschränkt unter weitgehender
Abstrahierung von Inhalten, dann ist damit auch die Grenze
ihrer qualitativen Expansion vorgezeichnet; ihr ökonomischer
Charakter wird wesentlichen Veränderungen unterliegen.
Während ihre überlieferte Bedeutung zurücktritt, wird eine
andere in den Vordergrund rücken. Die Notwendigkeit einer
überdimensionalen Bewahranstalt tritt hervor, in der audio-
visuelle Debile zwar immer noch produktionsfit gemacht werden, aber zugleich über lange Frist mit irgendetwas beschäftigt
werden müssen, was sie vom Denken abhält.«[7] Man muss das
harte Wort von den audio-visuellen Debilen zwar nicht gou-
tieren, und im Zeitalter der smarten digitalen Technologien
mag auch hier – trotz der von manchen diagnostizierten »digitalen Demenz« der Jugendlichen[8] – eine ungeahnte Dialektik
walten, aber dass Schulen gerade unter der Perspektive, dass es
nur noch auf Kompetenzen, nicht auf Wissen, nur noch auf
Anwendbarkeit, nicht auf Verstehen ankomme, zu Verwahr-
anstalten mutieren, ist offensichtlich. Die immer wieder geforderte Wandlung des Lehrers vom fachwissenschaftlich ausgebildeten Experten hin zu einem sozialpädagogisch geschulten
Coach und Begleiter trägt dieser Entwicklung Rechnung.

Der Glaube, dass die Förderung von individuellen Anlagen
und Talenten nicht nur der Entfaltung des Einzelnen und seinen Chancen am Arbeitsmarkt diene, sondern darüber hinaus
die Wettbewerbsfähigkeit einer Wirtschaft erhöhe, könnte sich

angesichts aktueller Trends noch aus einem anderen Grund als gefährliche Illusion erweisen. Der durch die Digitalisierung bewirkte Automatisierungsschub betrifft vor allem die Berufsfelder, für die bislang eine tertiäre Qualifikation notwendig schien und die nun wegrationalisiert werden können. Die »brillanten Roboter« ersetzen nicht unqualifizierte Arbeiter, sondern Mediziner, Juristen, Dolmetscher, Mathematiker, Software-Ingenieure, Lehrer, Wissenschaftler, Journalisten, Künstler. Das aber bedeutet, dass die Hoffnung, dass eine bessere tertiäre Ausbildung auf Dauer Arbeitsplätze, Wohlstand und sozialen Frieden sichern könne, wenn nicht ein Irrtum, so doch überzogen genannt werden muss. Nur dort, wo es geringe Akademikerquoten gibt – in der Schweiz, in Österreich und Deutschland –, ist auch die Akademikerarbeitslosigkeit noch gering. Überall dort, wo die tertiären Bildungsprogramme schon gegriffen haben, wächst das akademische Prekariat. Gleichzeitig steigt wieder der Bedarf nach billigen Arbeitsplätzen im Industrie- und Dienstleistungssektor. Die Wirtschaftswissenschaftlerin Dalia Marin hat diese Entwicklung skizziert, und sie schließt ihre Analyse mit Fragen, die das Verhältnis zwischen individueller Talententfaltung und ökonomischer Notwendigkeit, zwischen Bildung und Wettbewerb in einem neuen, scharfen Licht erscheinen lassen. »Kämpfen wir die falsche Schlacht? Ist die immer raschere Beschleunigung des Bildungsangebotes als Antwort auf die Herausforderungen der Globalisierung der falsche Weg? Werden wir in 15 Jahren mit einem Überangebot an Akademikern konfrontiert sein, die einen Hungerlohn verdienen? Wir wissen es noch nicht so genau. Es wird von der Geschwindigkeit abhängen, mit der die künstliche Intelligenz tatsächlich das Humankapital ersetzen wird und davon, welche Weichen die Bildungspolitik heute stellt. Es ist aber gut möglich, dass der Kampf um die Talente ein Ding der Vergangenheit ist.«[9] Wer unter diesen Bedingungen an einer Idee von Bildung, die sich am Menschen, seiner Individualität, seiner Kultur und seiner Humanität orientiert, festhalten möchte, täte gut daran, sie von Fragen ihres Nutzens und ihrer Verwertbarkeit grundsätzlich ebenso freizuhalten wie von der Vorstellung, Bildung wäre der Schlüssel zur Lösung aller gesellschaftlichen Probleme.

PROFESSIONALISIERUNG
DES LEHRBERUFS?

Anmerkungen zu einem Verhängnis

Seit einiger Zeit ist viel von der Professionalisierung des Lehrberufs die Rede. Eine der ältesten Aufgaben unserer Kultur wird also jenen Verfahrensweisen unterzogen, die man anwendet, um aus Liebhabereien und Gelegenheitstätigkeiten richtige Berufe zu machen. Die Lehrerschaft wehrt sich nicht dagegen, sondern nimmt diese Anforderung als Herausforderung freudig an, verspricht doch Professionalisierung, endlich den Lehrberuf von seinem schlechten Image zu befreien und aus mehr oder weniger erfolgreichen pädagogischen Naturtalenten »professionell« ausgebildete, »professionell« evaluierte, »professionell« weitergebildete und »professionell« agierende Lehrpersonen, die nun mit einem »professionellen« Selbstverständnis ausgestattet sind, zu machen.

Die Leitbilder dieser Professionalisierungsstrategien haben es dann auch in sich. Grob könnte man zwei Varianten dabei unterscheiden. Einmal geht es in einem eher sozialromantischen Sinn um »Ziele erreichen«, »Potenziale nutzen«, »gemeinsam denken«, »in Beziehung gehen«, »aus den Ressourcen schöpfen«, »Bilder von der eigenen Professionalität entwerfen«, »im Gehen den Weg erschließen«, die »Begegnung verschiedener Wirklichkeiten«, »Konfrontationen als Chance«,

»neue Deutungen finden« und um das »Spannungsfeld von Wertefeldern«.[1] Es geht aber auch in einem eher systemtheoretisch orientierten Sinn um »Schulkulturen als symbolische Sinnordnungen und ihre Bedeutung für die pädagogische Professionalität«, um »Entscheiden und Kommunizieren«, um die »Reflexivität der Organisation«, um die »Konsequenzen der Outputsteuerung«, um »Steigerungssemantiken im Organisationsentwicklungsdiskurs«, um, wie könnte es anders sein, »Schulentwicklung als Machbarkeitsvision«.[2] Es geht allerdings in keinem der Professionalisierungsdiskurse um das Fach, um Wissenschaft, um das Unterrichten einer Sache, um einen Gegenstand. Es geht um das Reflektieren von Lehrer- und Schülerbefindlichkeiten und das Managen von Prozessen und *Classrooms*.

Professionalisierung bedeutet also nicht, dass eine auch bisher geübte pädagogische Tätigkeit nun vielleicht besser, sachhaltiger, konsequenter, eben professioneller betrieben wird, sondern dass etwas ganz anderes gemacht wird. Professionalisierung definiert den Lehrberuf, seine Voraussetzungen und Aufgaben in einem neuen Sinn. Darauf muss auch die Ausbildung der zukünftigen Lehrkräfte, die eben keine Lehrer, sondern Begleiter und Coaches werden sollen, reagieren. Also muss auch die Ausbildung der ehemaligen Lehrer und zukünftigen Lernbegleiter professionalisiert werden.

Entscheidend ist auch für diesen Prozess die Kompetenzorientierung, die diesen Rollenwechsel vorbereiten hilft. Unter diesem Titel soll es gelingen, die bislang eng an einer wissenschaftlichen Disziplin orientierten Lehramtsstudien zunehmend unter den Primat einer Didaktik zu stellen, der es nicht mehr um die Vermittlung fachlicher Inhalte, sondern um die Formierung jener allgemeinen Kompetenzen geht, die nun als zentrale Qualifikationen der zukünftigen Lehrer gesehen werden. Die dafür gerne verwendeten Schlagworte lauten dann auch »pädagogische Handlungskompetenz«, »Sozialkompetenz« und vor allem »Selbstkompetenz«. Man glaubt es kaum, aber Letztere wird ungeniert als »Selbstbetroffenheit« bestimmt, die den angehenden Lehrer zu einer »permanenten Selbstaufmerksamkeit«, einem modischen »self monitoring« zwingen soll. Der pietistische Grundzug des Kompetenzgedankens schlägt hier voll und ganz durch: unablässige Erforschung der eigenen Befindlichkeit mit dem Ziel der kontrollierten Selbstbezichtigung. Ob solche Zerknirschungsstrategien wirklich zu jenen gefestigten und souveränen Lehrpersonen führen werden, die angeblich für die schwierigen pädagogischen Situationen der Gegenwart benötigt werden, scheint mehr als fraglich. Dem entspricht das Ansinnen, die »überdimensionierte« Ausbildung in den »fachwissenschaftlichen Grundlagen« zugunsten »sozialpädagogischer, sonderpädagogischer und migrantenpädagogischer« Studieninhalte zurückzufahren.[3] Auf diese Weise werden aus Bildungseinrichtungen sozialpädagogische Anstalten und aus Lehrern in ständigen Feedback-Schleifen gefangene, dem Imperativ einer leeren Dauerreflexion unterworfene Lernbegleiter und Sozialarbeiter, die bei diesem Prozess von professionellen Professionalisierungsberatern und Kommunikationstrainern betreut werden müssen.

Angesichts dieser Entwicklung stellt sich die Frage, ob das Vermitteln dieser sozialpädagogischen Kompetenzen wirklich die Aufgabe einer Universität sein und als akademische Ausbildung gewertet werden muss. Einerseits scheint die aktuelle Entwicklung einer immer wieder erhobenen Forderung zu entsprechen: dass das Geschäft des Lehrers nicht primär die Vermittlung eines Faches sei, sondern die Pädagogik. Diese aber gewinnt wenig, wenn sie versucht, sich als eine methodisch unsaubere Wissenschaft zu verstehen, anstatt sich klarzumachen, dass es ihr um »ein Kausalwissen über die Bedingungen des Erfolgs und Misserfolgs von Erziehung und Unterricht in konkreten Verhältnissen« gehen sollte.[4] Dieses Wissen aber ist weder nur normativ noch einfach empirisch, sondern eher eine Kunstlehre im Sinne einer »praktischen Pädagogik«[5], die sich letztlich nur in einem komplexen Beziehungsgeflecht unter Anleitung *in actu* erwerben und anwenden lässt. Die »Verwissenschaftlichung der Pädagogik« missversteht dies und muss nun, um zumindest den formalen Kriterien akademischer Ausbildungsansprüche zu genügen, eine Reihe von Wissenschaftssimulationen generieren, die so tun, als ob es sich beim Nachdenken über die Organisation von Gruppenunterricht oder über das Intervenieren in pubertäre Verhaltensauffälligkeiten um Wissenschaft handle. Die vielerorts vorgenommene terminologische Transformation von Pädagogik in »Bildungswissenschaft« indiziert augenfällig diesen Prozess.

Der Philosoph Julian Nida-Rümelin hat diese »Pseudoverwissenschaftlichung der Pädagogik« scharf kritisiert und sich gegen die Angleichung der fachlichen Ausbildung von Lehrern an Höheren Schulen und BA/MA-Studenten gewandt, da das Pädagogische als ein an der Praxis orientiertes Lehrfach darunter leiden muss.[6] Diese Kritik müsste zugespitzt werden, wenn die sozialen Kompetenzen noch mehr in das Zentrum eines wohl nur noch *pro forma* an ein Fach gekoppeltes Lehramtsstudium rücken. Natürlich kann man entgegnen, dass auch diese sozialen Kompetenzen an einer Universität vermittelt werden sollen, aber es liegt nicht nur an deren Ausrichtung an der Praxis, sondern auch an ihrer zutiefst ideologischen Kontamination, dass eine wissenschaftliche Fundierung dieser Ausbildung wohl mehr als fraglich ist.

Die Lehramtsstudien an *Schools of Education* auszulagern und endlich dazu zu kommen, dass man nicht mehr ein oder zwei Fächer im Lehramt studiert, sondern das »LehrerInnen-Sein« schlechthin, scheint nur ein konsequenter Schritt zu sein. Dieser führt einerseits in eine vordergründige Professionalisierung des Lehrberufs durch Wissenschaftssimulation, andererseits zu einer ebenso vordergründigen Steigerung des Selbstwertgefühls angehender Lehrer. Diese sind nun nicht mehr Studenten zweiter Klasse – Physik, aber nur Lehramt, Philosophie, aber nur für die Schule –, sondern sollen von Anfang an ein eigenes Ausbildungs- und damit Professionsverständnis vermittelt bekommen. Das grundsätzliche Problem besteht darin, dass diese Konzepte davon ausgehen, dass man »Lehrersein« so studieren kann wie Mathematik oder Biologie. Der einzige Ort aber, an dem eine wissenschaftsorientierte Ausbildung tatsächlich legitimiert wäre, das Fach, wird durch solch eine Strategie nachhaltig marginalisiert.

Wirft man einen Blick in die Geschichte der Lehrerausbildung, wird der Paradigmenwechsel sofort deutlich. Tatsächlich entwickelte sich vor allem die gymnasiale Oberstufe in enger Verbindung zur Universität, die bis heute in Grundzügen gültige, aber zunehmend in Frage gestellte Parallelität von Studienrichtungen und Schulfächern zeugt davon. Tatsächlich verstand sich der Gymnasialprofessor des 19. Jahrhunderts noch als Wissenschaftler, der in der Höheren Schule eine Institution zur Vermittlung dieser Wissenschaft sah. In dem Maße, in dem dieses klare Modell von Wissenschaft und ihrer Propädeutik die Schule nicht mehr bestimmt, Fächer aufgelöst, Kompetenzen eingeführt, soziale Fragen in den Vordergrund

und das verbindliche Wissen in den Hintergrund rücken, ist die Wissenschaft als Gegenstand der Lehrerbildung offenbar wirklich überflüssig.

Was sich dabei noch wissenschaftlich verbrämt, ist etwas ganz anderes. Es handelt sich um eine Mischung aus sozialpädagogischer Handlungssimulation und ideologischen Gesinnungstrainings, kaum noch geht es um die Auseinandersetzung mit einer Wissenschaft, ihren methodischen Fragen, ihren Perspektiven und ihren Grenzen. Die Phrase, dass ein guter Lehrer nicht ein Fach, sondern Kinder unterrichte, klingt zwar sehr fortschrittlich, zeugt aber von dem Irrglauben, dass der Lehrberuf ohne Auseinandersetzung mit einer Wissenschaft erlernt und ausgeübt werden kann – sieht man von der Pädagogik ab, die in der Regel allerdings als einfache Handlungsorientierung und nicht als theoriegeleitete Reflexions- und Forschungsinstanz angesprochen ist. Allein der von allgemeinem Kopfnicken begleitete Ruf nach Praxisnähe und noch mehr Praxisnähe in der Lehrerausbildung verrät letztlich die Wissenschaftsfeindlichkeit dieser Konzeption: Wissenschaft als Theorie ist immer praxisfern!

Die Beobachtung, dass es gerade Studentenvertreter der Lehramtsstudien sind, die nicht nur solch eine ominöse »Praxisnähe« einfordern, sondern auch ihr fachliches Studium ausschließlich auf die vermeintlichen oder wirklichen Erfordernisse des zukünftigen Berufs reduziert sehen wollen, unterstreicht dies deutlich. Hegel scheute nicht davor zurück, 15-jährigen die Grundzüge seiner Logik ins Heft zu diktieren. Da diese Logik heute – wenn überhaupt – Gegenstand von Oberseminaren am Ende des Masterstudiums ist, will der Lehramtskandidat damit nichts mehr zu tun haben. Er wird es ohnehin nicht unterrichten können. Dass es auch zum Selbstbild der an einem Fach orientierten Lehrkraft gehören könnte, mehr von diesem Fach zu wissen und zu verstehen, als am nächsten Tag unterrichtet werden kann oder muss, ist für viele schon eine ziemlich fremde Vorstellung, ja eine unerträgliche Zumutung geworden. Das aber bedeutet: Das Fach selbst ist eine Zumutung, die durch die Flucht in die Beliebigkeit der Praxisnähe abgewehrt werden soll. Warum Universitäten Deutschlehrer ausbilden sollen, die die Literatur, vor allem aber die Literaturwissenschaft hassen, weil sie sich lieber meinungsbeflissen mit den Twitter-Meldungen ihrer Schüler beschäftigen wollen, ist in der Tat eine naheliegende Frage.

Diese Verlagerung – weg vom Fach, hin zu vermeintlichen ganzheitlichen pädagogischen Kompetenzen – muss allerdings vor allem unter dem Gesichtspunkt des durch Wissenschaft und Technik bestimmten Charakters unserer Gesellschaft als höchst bedenklich gewertet werden. Welches Bild junge Menschen von der Wissenschaft, also von der Welt, in der sie leben, bekommen, entscheidet sich in hohem Maße in den Schulen, die sie besuchen. Sie dort vor den Verfahren, Methoden, Inhalten, Ergebnissen und Abstraktionen der Wissenschaften bewahren und behüten zu wollen, mag zwar schülerzentriert und lebensweltlich orientiert erscheinen, verkennt aber, worum es in Unterrichtsprozessen zumindest immer auch gehen müsste: um die Konzentration auf ein Fach, seine Logik, seine Begrifflichkeit.

Was aber, wenn die Höheren Schulen noch immer – neben all den anderen sozialen Aufgaben, die sie heute übernehmen müssen – die Voraussetzungen dafür schaffen sollten, dass sich junge Menschen in der wissenschaftlich-technischen Welt zurechtfinden können? Müssten Lehrer dann nicht Personen sein, die sich zumindest einmal mit einer Wissenschaft aus einer Innenperspektive beschäftigt haben, die eine Ahnung davon haben, wie Forschung in den unterschiedlichen Formaten und Bereichen der Wissenschaft funktioniert? Nur dann werden sie diese Idee der Wissenschaft – auch in einer kritischen Perspektive – vermitteln können. Das aber bedeutet, dass es nicht genügt, einige rudimentäre Ergebnisse einer Wissenschaft zur Kenntnis zu nehmen und dann didaktisch mehr oder weniger aufbereitet weiterzugeben, sondern es muss heißen, selbst zumindest einmal aktiv im Prozess der wissenschaftlichen Arbeit involviert gewesen zu sein. Die sukzessive Verbannung von Bachelor- und Lehramtsstudenten aus den Forschungskontexten ihrer Fächer, die Betreuung dieser Studenten nicht durch Professoren, sondern durch *Lecturers* und externe Lehrbeauftragte, die viel zu frühe Einbindung in die Schulpraxis und deren wiederum nur auf subjektive Erfahrungen rekurrierende ermüdende Dauerreflexion führen aber in die gegenteilige Richtung.

Der Praxisfetischismus, der sich vor allem in der Lehrerbildung breitmacht, ruiniert die Fähigkeit und Bereitschaft, sich überhaupt erst einmal mit einem Fach als Fach, noch jenseits der Frage, was davon wie in einem Unterrichtsgeschehen relevant sein kann, auseinanderzusetzen. Wer sein Lehramtsstudium mit schulpraktischen Übungen und fachdidaktischen Kursen beginnt, ohne noch eine Ahnung zu haben, was Fach in einem wissenschaftlich-disziplinären Sinn überhaupt bedeuten kann, wird – auch wenn der Zeitgeist es anders will – nicht gut, sondern denkbar schlecht auf seinen zukünftigen Beruf vorbereitet. Erst vor diesen Überlegungen wird klar, dass die Lehrerausbildung an Universitäten stattfinden muss – und dies nicht, weil die Ausbildung der Pädagogen insgesamt aus standespolitischen Gründen akademisiert bleiben oder werden muss, sondern weil nur Universitäten durch ihre Verankerung in der wissenschaftlichen Forschung den Lehramtskandidaten ein Nahverhältnis zu dieser offerieren können. Schneiden die Universitäten selbst diese Möglichkeiten ab, indem sie die Bedeutung des Faches für das Lehramt entwerten, befördern sie letztlich eine Entwicklung, die man als Entwissenschaftlichung bezeichnen könnte, gleichgültig, welche akademischen Titel dafür vergeben werden. Der Lehramtskandidat wird dadurch, im doppelten Sinn des Wortes, disziplinlos.

Man könnte auch sagen, dass eine Lehrerbildung, die auf ein Professionalisierungskonzept setzt, das die Wissenschaft nicht mehr als ihren Gegenstand, sondern nur noch als Instrument zur Erzeugung sozialpädagogischer Kompetenzen kennt, zu einer geistigen Verwahrlosung führen wird. Wenn unter dem Titel der Professionalisierung also tatsächlich eine Entakademisierung des Lehrberufs an Höheren Schulen stattfindet, dann wäre die Forderung nach Auslagerung dieser Ausbildung an pädagogische Anstalten welcher Art auch immer gerechtfertigt. Wenn aber nach wie vor die zentrale Orientierung an der Wissenschaft im Zentrum der Lehrtätigkeit an Höheren Schulen stehen soll, dann müsste eigentlich eine Reakademisierung der Lehramtsausbildung gefordert werden. Wir haben die Wahl.

VERÄNDERUNG
DURCH BILDUNG?

Über eine rhetorische Figur

Dass sich Menschen und Gesellschaften durch Bildung verändern lassen, gehört zu den zentralen Mythen moderner Bildungsideologien. Vielen gilt Bildung als jenes Instrumentarium, mit dem nicht nur die Menschen ihr individuelles Glück finden, sondern auch die sozialen, politischen und ökologischen Probleme unserer Zeit gelöst werden können. Wer einen Menschen aus dem Netz seiner rassistischen oder sexistischen Vorurteile befreien und zum Positiven verändern möchte, empfiehlt, ihn zu bilden, wer eine Gesellschaft gerechter und friedlicher haben möchte, empfiehlt, damit in der Schule zu beginnen. Hält Bildung allerdings, was man sich hier von ihr verspricht?

Beginnen wir mit der Frage, ob und inwiefern ein Mensch sich selbst durch Bildung verändern kann. Die Beantwortung dieser Frage hängt davon ab, inwiefern man die Veränderung eines Menschen mit dem Prozess der Bildung schlechthin identifiziert. Man kann mit guten Gründen von der anthropologischen Prämisse ausgehen, dass der Mensch nicht nur als unfertiges Wesen auf die Welt kommt, sondern auch als dasjenige Wesen, das sich eben nicht nur unter möglichst günstigen Bedingungen entfalten können soll, sondern das sich immer erst bilden muss. Auch wenn sich die Rede von der Entfaltung in einer romantischen Pädagogik, die in jedem Neugeborenen ein Bündel von Talenten sehen will, das zum Blühen gebracht werden soll, großer Beliebtheit erfreut, sabotiert sie damit jede Idee von Bildung. Diese impliziert, dass es kein vorgegebenes Muster oder Programm gibt, das ein Mensch im Laufe seines Lebens einfach exekutiert, sondern dass der Mensch immer auch Resultat seines eigenen Tuns ist.

Reduzierte man Bildung allerdings auf diese basalen Veränderungen und bezeichnete alles, was Menschen im Laufe ihres Daseins tun und lassen, als Bildung, hieße das zwar, dass sich niemand in dieser Weise nicht selbst bilden könnte, »Bildung« fiele aber zusammen mit »Leben«. Mit solch einer Prämisse verlöre der Begriff der Bildung wieder seine Trennschärfe. Aber auch diese Tendenz ist in der modernen Pädagogik spürbar. Wer nicht lesen gelernt hat, gilt dann nicht als ungebildet, da er ja in seinem Leben sicher andere Kompetenzen erworben hat: Er beherrscht zum Beispiel die Grundfunktionen eines mittels Icons steuerbaren Smartphones. Alles kann so Ausdruck von Bildung sein, damit wird dieser Begriff bedeutungslos. Die Rede von Bildung und Selbstbildung ist nur dann attraktiv, wenn sie normativ aufgeladen wird und Bildung dadurch von anderen Einflüssen, die das Leben eines Menschen auch bestimmen können und die von den genetischen Dispositionen über die Zufälle der Geburt bis zu den Erfahrungen des Lebens reichen, getrennt werden kann.

Unter der Voraussetzung, dass nicht jede Form, in der sich Menschen entwickeln, Bildung genannt werden kann, setzt die Rede von Bildung eine entscheidende Differenz: die zwischen gebildet und nicht gebildet. Nebenbei: Die Verwendung der Begriffe »bildungsnah« und »bildungsfern« ist höchst problematisch, da diese räumliche Metaphorik suggeriert, dass Bildung irgendwo platziert ist und man sich in mehr oder weniger großer Distanz zu ihr aufhalten kann. Diese Rede unterschlägt sowohl die Identität von Bildung beziehungsweise Unbildung und Subjekt als auch die Anstrengung, die darin besteht, dass Bildung als Arbeit an sich selbst begriffen werden muss. Zumindest der Begriff »bildungsnah« wird ja nicht synonym für den Gebildeten verwendet, sondern markiert eher die Möglichkeit, standardisierte Bildungskarrieren mit den entsprechenden Zertifizierungen aufgrund des Milieus, in das man hineingeboren wurde, ohne größere Probleme durchlaufen zu können.

Worin nun der normative Anspruch von Bildung gegenüber anderen das Selbst verändernden Strategien und Ereignissen – man denke dabei an existenzielle Erfahrungen, schicksalhafte Begegnungen, Notsituationen, Krankheiten, aber auch Trainings sowie praxisorientierte oder milieugesteuerte Lernprozesse aller Art – besteht, darüber lässt sich trefflich streiten. Die Bildungsdebatten sind spätestens seit dem 18. Jahrhundert gekennzeichnet von den Versuchen, solch einen normativen Gehalt zu explizieren. Bildung ist ohne das Bild eines guten und gelungenen Lebens, das es anzustreben gilt, nicht denkbar. Im Zusammenhang mit unserer Thematik interessiert allerdings weniger eine Rekonstruktion dieser Debatten als vielmehr die Frage, was unter der Annahme solch eines normativen Gehalts Selbstveränderung eigentlich bedeuten kann.

Dem Begriff der »Selbstveränderung« können drei Bedeutungen unterstellt werden. Zum Ersten: Ich bin es, der sich in seinem Identitätsgefühl verändert, und dies aus freien Stücken; man könnte hier von Selbstbildungsautonomie sprechen. Zweitens: Es ist mein Selbst, das durch Bildung verändert wird; dies setzt ein substanzielles Selbst voraus, das durch eine aktivierende und kontrollierende Ich-Instanz verändert werden kann: Bildung als Selbstsuche und Selbstverwirklichung. Und drittens: Ich muss nicht nur mich oder mein Selbst, ich muss mein Leben schlechthin ändern. Man könnte dies das Rilke-Sloterdijksche Anforderungsprofil nennen, das die Möglichkeit, ja Notwendigkeit eines radikalen Schnitts in einer Lebensführung supponiert: Bildung als Zäsur.[1] Zu diesen drei Varianten nun einige unsystematische Anmerkungen.

Selbstveränderung durch Bildung im Sinne eines autonomen Projekts des Subjekts geht davon aus, dass es so etwas wie die Einsicht in das Ungenügen einer Ich-Identität gäbe und dann gezielt Bildung anvisiert wird, um dieses Ungenügen zu beheben. Allerdings hält sich bei konventionellen Bildungsprozessen dieser Anspruch eher in Grenzen. Wohl erinnert dies an das Konzept einer Persönlichkeitsbildung, die vom idealtypischen Bild einer reifen Persönlichkeit ausgeht und die Bildungsanstrengungen daran orientiert, tatsächlich aber werden diese selten unternommen, um das eigene Ich zu modifizieren. Zwar ist es unbestritten, dass Menschen – sei es aus Neugier, Interesse oder Gründen der beruflichen Qualifikation – Dinge lernen und sich ein Wissen aneignen, das auch auf die Entwicklung ihrer Persönlichkeit einen Einfluss haben kann, die damit einhergehende Veränderung eines Ich ist allerdings intentional unterbestimmt: Niemand lernt eine Sprache, liest einen Roman, studiert das Weltall, betreibt Mathematik, erwirbt Programmierkenntnisse, um sich primär in seiner Identität zu verändern. Das bedeutet nicht, dass man durch solche Bildungsprozesse nicht verändert wird, aber die Richtung und die Intensität sind dabei der Kontrolle des Subjekts entzogen. Aber auch die aktuellen Diskurse der Identitätskonstruktionen sind so gelagert, dass man diese Formen einer veränderbaren Ich-Identität weniger als Bildungsprozesse, sondern als Durchsetzung von emotional bestimmten Ich-Konzepten in einer diesen gegenüber skeptischen sozialen Umwelt beschreiben müsste. Das betrifft religiöse, ethnische und kulturelle Identitäten ebenso wie die Frage der sexuellen Vorlieben. Wohl können unter diesen Gesichtspunkten Identitäten verändert oder variiert werden, der Begriff der Bildung scheint diesen Prozessen gegenüber allerdings seltsam unangemessen.

Ähnlich liegt der Fall bei dem neuerdings viel diskutierten Modell der Selbstoptimierung. Dabei geht es in der Regel darum, bestimmte Dimensionen eines Menschen nach effizienztheoretisch bestimmten Parametern zu verbessern, etwa das Aussehen, die körperliche Leistungsfähigkeit, die psychische Belastbarkeit, die Ernährungsgewohnheiten, bei Wissenschaftlern die Publikationsstrategie – alles Maßnahmen, die das Ich nicht unberührt lassen werden, auch wenn dieses nicht im Fokus des Veränderungsprozesses steht. Allerdings kann es hier durchaus zu interessanten Überschneidungen kommen, etwa wenn jemand seine Leistungsfähigkeit und Widerstandskraft durch psychotechnische Optimierungsmaßnahmen steigern will, zu denen etwa auch die Lektüre von Büchern wie »Rilke für Gestreßte«[2] oder »Nietzsche für Manager«[3] gehört. Damit würde durch diese Strategien ein Anschluss an kanonische Bildungsgüter hergestellt werden, die nun als Werkzeuge einer bestimmten Form der Ich-Modifikation dienen.

Es kann aber sein – und dies betrifft unsere zweite Variante –, dass jemand nicht mit seinem Wissen, seinen Fähigkeiten, seinem Ich-Gefühl oder seinem Affekthaushalt, sondern mit seinem Selbst insgesamt unzufrieden ist und es gezielt durch Bildung verändern möchte. Solch ein Mensch möchte ein Selbst vielleicht erst finden, herausfinden, wer er eigentlich ist, unter Umständen überhaupt ein anderer werden. Die Gefahr ist groß, dass dieser Mensch in eine Situation gerät, die man das Kierkegaard-Paradoxon nennen könnte. Der dänische Philosoph Søren Kierkegaard hat in seinem epochalen Buch »Die Krankheit zum Tode« die These entfaltet, dass Identitätskrisen prinzipiell die Form der Verzweiflung und der Verzweiflung prinzipiell die Form der Identitätskrise zukommt. Auch wenn man glaubt, man verzweifelt an etwas, verzweifelt man, so Kierkegaard, eigentlich immer an sich selbst.

Was bedeutet das für unsere Suche nach einem Selbst? Man kann, so Kierkegaard, »verzweifelt sich nicht bewusst sein, ein Selbst zu haben«, man kann »verzweifelt nicht man selbst sein wollen«, oder man kann »verzweifelt selbst sein wollen«.[4] Kierkegaard demonstriert dies plastisch an jenem Herrschsüchtigen, dessen Losung es ist: entweder Caesar oder gar nichts. Wird dieser Herrschsüchtige nun nicht Caesar, dann verzweifelt er darüber – aber dies bedeutet, »dass er, eben weil er nicht Caesar geworden ist, es nun nicht aushalten kann, er selbst zu sein«. Wäre er aber Caesar geworden, wäre er auch nicht er selbst geworden, denn er war nicht Caesar, sondern nur ein anderer. Er wäre »verzweifelt sich selbst los geworden«.[5]

Der Verzweifelnde verzehrt sich selbst auf der Suche nach seinem Selbst. Dies deshalb, weil das Selbst keine Entität ist, die man irgendwo finden könnte, sondern eine dynamische Beziehung: ein Verhältnis, das sich zu sich selbst verhält. Bildung kann unter diesen Gesichtspunkten nicht bedeuten, dass diese oder eine andere Form der Selbstveränderung gelingen könnte, ohne die Form der Verzweiflung anzunehmen, sondern Bildung hieße dann bestenfalls die Einsicht, dass Selbstveränderung in einem substanziellen Sinn ohne Verzweiflung nicht möglich ist. In diesem Sinne wäre Bildung weniger Motor der Selbstveränderung als die Erkenntnis, dass die Melancholie die Begleiterin aller Formen der Identitätssuche ist.

Geht es allerdings darum, nicht nur sein Selbst, sondern sein Leben überhaupt zu ändern, setzt dies einerseits Kriterien voraus, an denen man das Ungenügen desselben misst oder erfährt, andererseits kann es aber nur eine bestimmte Form der Lebensveränderung sein, die durch Bildung – und nicht etwa durch einen Orts-, Partner- oder Berufswechsel – ermöglicht werden soll. Dass es Zeit wäre, sich zu verändern, diese Redewendung markiert ja weniger die Sehnsucht danach, sein Leben radikal durch Bildung umzustellen, als vielmehr den Wunsch, einmal ein anderes Lebenskonzept auszuprobieren. Das Rilke-Sloterdijksche Modell der radikalen Lebensänderung hingegen geht von einer markanten ästhetischen Bildungserfahrung aus. In Rainer Maria Rilkes berühmtem Gedicht »Archaïscher Torso Apollos« führt der Anblick einer kopflosen antiken Statue zu einem dramatischen Imperativ: »Du mußt dein Leben ändern.« Dieser Imperativ wird durch die paradigmatische Verkehrung eines konventionellen Kunsterlebnisses initiiert: »… denn da ist keine Stelle, die dich nicht sieht.«[6] Der Betrachter fühlt sich plötzlich vom Kunstwerk betrachtet und des Ungenügens seiner Existenz schlagartig überführt.

Solche Bildungserfahrungen sind selbst aber wiederum nicht planbar oder in eine Didaktik zu überführen: Die Lektüre dieses Gedichts in der Sekundarstufe eines Gymnasiums wird weniger zu eminenten Ansprüchen an Selbstveränderung als vielmehr zu Klagen über die ökonomische Nutzlosigkeit und Lebensferne von Gedichten führen. Aber immerhin: Es ist dieses Konzept, das noch am ehesten einen Widerspruch zwischen individueller Bildung und gesellschaftlicher oder politischer Macht aufbrechen lassen kann. Denn es kann auch nicht ausgeschlossen werden, dass ein Mensch durch die Lektüre eines Gedichts oder durch den Besuch eines Museums beschließt, mit den Normen und Vorgaben zum Beispiel einer effizienzorientierten Wettbewerbsgesellschaft oder einer medial inszenierten Spaßkultur zu brechen.

Dass es – in unserem Fall – ein Gedicht ist, und zwar eines von Rilke, das diesen Impuls zur Veränderung setzt, ist aber alles andere als zufällig. Darin drückt sich jener Bildungsanspruch aus, der keine beliebigen Gegenstände, an denen sich vielleicht Kompetenzen erwerben und erproben ließen, kennt, sondern ein ästhetisches Ereignis ersten Ranges postuliert, das allein diesen Veränderungsimperativ aussprechen darf. Existenzielle Bildungserfahrungen lassen sich nicht an beliebigen, sondern nur an exzeptionellen Objekten machen. An misslungenen oder drittklassigen Kunstwerken kann wohl die Urteilskraft geschult werden, aber die tiefe Berührung, aus der die Kraft zu einer Veränderung entspringen kann, bleibt jenen Werken vorbehalten, deren ästhetische Qualität uns eine Ahnung von den Dimensionen des Menschseins zu geben vermag. Sofern Bildung auch ästhetische Bildung ist, werden die vielzitierten Bildungserlebnisse um solche Begegnungen und Konfrontationen kreisen.

Solch eine Bildungserfahrung wäre dann als Anstoß einer Reflexionsbewegung zu deuten, die nicht nur das Individuum und sein Verhältnis zur es umgebenden Welt, sondern auch diese selbst erfasst. Im durch solch eine ekstatische Erfahrung inaugurierten Bildungsprozess spiegelte sich der Einzelne in einem Gegenstand und der damit verbundenen ästhetischen Erfahrungen nicht nur derart, dass er sich und sein bisheriges

Leben zur Disposition gestellt sieht, sondern damit könnte auch das fraglose Einverständnis mit der Welt aufgekündigt werden.

Diese Form einer krisenhaften Bildungserfahrung, die als reflexive Kritik an bestehenden Lebenskonfigurationen in Erscheinung tritt, gehorcht der nietzscheanischen Einsicht, dass Bildung etwas Kompliziertes und nur für wenige Erreichbares sei und letztlich einsam mache: Nur ich ändere mein Leben, auch wenn Rilke zu all seinen Lesern spricht. Solche Erfahrungen lassen sich weder verallgemeinern noch unter ein Kompetenzraster zwängen, schon gar nicht standardisieren oder curricular regeln. Sie bleiben jenen schicksalhaften Zufälligkeiten überantwortet, die sich jeder Form von Bildungsplanung, Überprüfung und Evaluation entziehen. Sein Leben zu ändern ist kein Output, den Bildungsprogramme, wie wohlmeinend gedacht auch immer, versprechen könnten. Dass solches trotzdem immer wieder versucht wird, gehört zu den unfreiwillig komischen Seiten institutionalisierter Bildungsanstrengungen.

Ob aber nicht nur der Einzelne, sondern eine Gesellschaft sich selbst durch Bildung verändern kann? – Was für eine Frage! Es gehört zu den Topoi der Selbstbeschreibung der Moderne, dass diese Gesellschaft ohnehin nur im Modus der Veränderung existieren kann. Die Dynamik dieser Veränderung resultiert aber schon lange nicht mehr aus sozialen Spannungen und daraus abgeleiteten sozialen Revolutionen, die auch durch Bildung als Aufklärung initiiert oder motiviert sein können, sondern aus technologischen Herausforderungen und den damit versprochenen technischen Revolutionen. Der Bildung wird in diesem Prozess permanenter technikinduzierter Selbstveränderung eine durchaus ambivalente Rolle zugeschrieben. Vor allem in Deutschland gelten Bildung und Bildungssysteme als hemmende Elemente in diesem Prozess. Weder Bildungspolitiker noch Schulen, schon gar nicht Lehrer hätten die Zeichen der Zeit erkannt, sie ignorierten den technischen Fortschritt, die Digitalisierung der Klassenzimmer stecke noch in den Kinderschuhen, auch Universitäten hätten den rasant wachsenden Weltmarkt für MOOCs verschlafen, verstaubte Ideale des Bildungssystems wie die Einheit von Forschung und Lehre müssten deshalb rasch zugunsten technologieaffiner Spitzenforschung sowie digital aufgerüsteter effizienter Lehre beseitigt werden – solches war etwa in der Wochenschrift *Die Zeit* zu lesen.[7] Die Hoffnung, die Probleme von Schulen und Universitäten durch den Einsatz digitaler Endgeräte zu lösen, beflügelt zumindest die Märkte. Dieselbe Wochenschrift, die lautstark diese Diagnose verkündete und den damit verbundenen Wandel propagiert, hatte allerdings nahezu zeitgleich auch enthusiastisch die Frage »Wo seid ihr Professoren?« gestellt und damit eine veritable Debatte über den öffentlichen Intellektuellen angezettelt, also über das institutionelle Zentrum des Verhältnisses von Macht und Reflexion, von Bildung und Gesellschaft.[8] Dahinter steht natürlich der fromme Wunsch, dass eine öffentliche Einmischung der Gebildeten, hier noch gedacht als Menschen aus Fleisch und Blut, ausgestattet mit Wissen und fundierten Argumenten, mit Mut und Engagement, gesellschaftsverändernde Impulse freisetzen könnte.

Die Frage, ob Bildung etwas zur Selbstveränderung von Gesellschaften beitragen kann, wird in der Regel jedoch nicht an wissenschaftliche und intellektuelle Eliten gestellt, sondern an jene Mitglieder der Gesellschaft, deren wirkliche oder vermeintliche Nichtbildung die von diesen Eliten angestrebten und propagierten Gesellschaftsveränderungen sabotiert. So ist etwa der Gedanke, dass demokratische Gesellschaften nur mit gebildeten Bürgern funktionieren können, weit verbreitet. Gegen Fremdenfeindlichkeit, Rechtspopulismus und totalitäre Versuchungen aller Art soll Bildung wie eine Schutzimpfung wirken, die nicht früh genug verabreicht werden kann. Auch wenn dies der historischen Erfahrung widerspricht, gehört der Glaube an Bildung als eine gesellschaftspolitische Hygienemaßnahme zum Arsenal der spätaufklärerischen Bildungslegitimationen.

In elaborierter Form hat dies etwa Martha Nussbaum vorgeführt und vor allem in musischer Bildung, in der Auseinandersetzung und Produktion mit und von Literatur und Musik jene Voraussetzungen gesehen, die zu toleranten, verständnisvollen und partizipierenden Akteuren einer demokratischen Gesellschaft führen sollen.[9] Hinter diesem Konzept verbirgt sich ein bildungspolitischer Imperativ, der in Bildung letztlich jenen »Versuch, den Menschen zum Menschen zu begaben«, sieht, der gegen alle Formen der Erziehung, Qualifikation und Talentpflege das unverstellte Menschsein im Auge hat und von dem nicht gesagt werden kann, ob er überhaupt gelingen kann.[10] Bildung erscheint hier als Anspruch, der die Herrschaftsverhältnisse, denen sie gleichwohl unterliegt, konterkariert. Das Postulat, Gesellschaften durch diese Form von Bildung zu verändern, unterstellt, dass diese durch inhumane Herrschaftsverhältnisse charakterisiert sind, die dennoch in ihrer Mitte, das heißt an ihren Schulen und Universitäten, die Möglichkeiten zu ihrer eigenen Beseitigung bereitstellen sollten.

Schon Karl Marx, der sich in jungen Jahren nebenbei auch ein wenig mit Fragen der Gesellschaftsveränderung beschäftigt hatte, formulierte in seiner dritten These »ad Feuerbach« diesen Widerspruch bündig: »Die materialistische Lehre von der Veränderung der Umstände und der Erziehung vergißt, daß die Umstände von den Menschen verändert und der Erzieher selbst erzogen werden muß. Sie muß daher die Gesellschaft in zwei Teile – von denen der eine über ihr erhaben ist – sondieren. Das Zusammenfallen des Ändern[s] der Umstände und der menschlichen Tätigkeit oder Selbstveränderung kann nur als *revolutionäre Praxis* gefaßt und rationell verstanden werden.«[11] Man versteht: Durch Tanzen allein werden versteinerte Verhältnisse nicht zum Tanzen gebracht. Es wäre fahrlässig zu glauben, dass Gesellschaften in den Zentren ihrer Reproduktion die Organisationen und Verfahren zur Verfügung stellen, um diese Gesellschaft radikal zu verändern. Solange eine substanzielle Gesellschaftsveränderung der Bildung überantwortet wird, werden sich diese Gesellschaften nicht im anvisierten Sinne verändern. Im digitalen Zeitalter bilden die Schulen in ihren Tablet-Klassen Kinder und Jugendliche nicht zu mündigen Bürgern, die den totalitären Versuchungen der Internet-Konzerne widerstehen könnten, sondern machen sie zu deren Agenten.

Nein, Bildung allein kann eine Gesellschaft nicht verändern. Wohl aber kann sie dazu beitragen, jene Diskurse kritisch zu befragen, die lautstark die realen Veränderungsprozesse, etwa im Bereich der Technologie, affirmativ begleiten. Diese haben mittlerweile das gesellschaftskritische Denken nahezu aufgezehrt, wie es der Schriftsteller Karl-Markus Gauß präzise formuliert: »Wenn die sozialen Utopien zu Schanden gehen, verächtlich gemacht oder vergessen werden, gähnt eine Lücke auf, die wie geschaffen dafür ist, dass in sie die Verheißungen der Technologie gestopft werden.«[12] Gegenüber diesen Verheißungen hinkt Bildung ohnehin nach. Dann ist die Rede davon, dass die Umwandlung der Arbeitswelt in Richtung »Industrie 4.0« und »Internet der Dinge« zu einer permanenten Selbstschulung in Sachen digitaler Kompetenz zwingen werde. Manchmal soll Bildung aber auch als kritisches Korrektiv fungieren, um wenigstens die sichtbarsten negativen Folgen der Technologisierung in Grenzen zu halten. Dann werden von Medienpädagogen Sensibilisierungsprogramme für den Umgang mit sozialen Medien, Hass-Postings, Fake-News, Big Data, Suchalgorithmen und Selbstoptimierungstechnologien als neue Bildungsziele ausgegeben. Wirklich gesellschaftsverändernde Potenziale schreibt diesen Programmen allerdings kaum noch jemand zu, auch wenn manchmal der Hoffnung Ausdruck verliehen wird, dass bestimmte Formen von Wachheit, Aufmerksamkeit und Reflexivität zu einem geänderten Verhalten führen könnten, welches imstande sein könnte, die Macht und die Monopole der Internet-Konzerne zu brechen oder zumindest in die Schranken zu weisen.

Wie immer man es aber dreht und wendet: Ob Bildung ein Selbstveränderungspotenzial in Hinblick auf Individuen oder Gesellschaften zugesprochen werden kann, hängt letztlich vom Mut ab, Bildung inhaltlich und normativ zu bestimmen. Solange Bildung formal als Durchlaufen von Zertifizierungsstellen oder Sammeln von Leistungspunkten definiert und auf den Erwerb von Kompetenzen und zeitgemäßen Kulturtechniken reduziert wird, erwächst aus diesen Bestimmungen weder eine notwendige noch eine mögliche Kraft zur Veränderung. Allenfalls kann der Zufall dafür sorgen, dass jemand, der an beliebigen Texten eine veritable Lesekompetenz erworben hat, auch ein Buch liest, das sein Leben verändert. In der Idee der Kompetenz steckt dieses Veränderungspotenzial nicht; wohl aber in der Idee, dass Menschen mit dem Anspruch auf Bildung bestimmte Bücher lesen sollten, weil diese aufgrund ihrer Qualität, Bedeutung, Schönheit oder Widerständigkeit die Möglichkeit in sich tragen, ein Leben zu verändern. Wer in den oft nur vermeintlich rasanten Transformations- und Wandlungsprozessen unserer Zeit Reste von Freiheit und Autonomie bewahren und wenn nicht schon die Gesellschaft, dann doch sich selbst einem Formungs- und Gestaltungsprozess unterziehen will, der sich aus begründeten normativen Ansprüchen herleitet, der wird um eine Auseinandersetzung mit der Frage, welchen geistigen und ästhetischen Konfrontationen überhaupt noch ein bildender Charakter zugeschrieben werden kann, nicht herumkommen. Vielleicht liegt im Festhalten an diesem Anspruch schon jenes kritische Potenzial, ohne das Bildung ihre Ambivalenz, ihr Schwanken zwischen Kritik und Affirmation, ihr Oszillieren zwischen demütigem Nachhecheln und forscher Antizipation nicht durchhalten könnte. Eine Bildung aber, die ohne diese Spannungen auskommen wollte, wäre keine mehr. Die Frage, ob sie etwas zur Selbstveränderung von Individuen oder Gesellschaften beitragen könnte, erübrigte sich.

AM RAND DER KULTUR

EUROPA ALS EINE
SCHÖNE KUNST BETRACHTET

Zur Ästhetik eines Kontinents

Europa, so lautet eine gerne mit pejorativem Unterton vorgetragene These, sei in erster Linie ein ökonomisches Projekt, dem noch eine Seele fehle; seit einiger Zeit sei Europa auch ein politisches Projekt, dem es allerdings noch an Demokratie und der Beteiligung der Bürger ermangele; und nicht zuletzt sei Europa ein moralisches Projekt, das den Nationalismus und seine Exzesse ebenso in die Schranken weisen werde wie Fremdenfeindlichkeit, soziale Ungerechtigkeit und jede Form von Ausgrenzung. Wenn man diesen Thesen und den damit verbundenen Debatten ihren Tribut gezollt hat und der Ökonomie, der Politik und der Moral damit Genüge getan ist, könnten doch auch einmal der gute Geschmack und der Kunstsinn zu ihrem Recht kommen. Wie wäre es, das europäische Projekt einmal unter ästhetischen Gesichtspunkten zu betrachten? Könnte man dabei nicht die Entdeckung machen, dass vieles, was von einem ökonomischen, politischen oder moralischen Standpunkt aus an Europa noch immer stört, dass manches, was in der Wirklichkeit als Defizit, als bürokratische Herrschaft oder uneingelöste Utopie erscheint, für den ästhetischen Geschmack doch ungeahnte Ein-, An- und Aussichten bereithalten könnte? Versuchen wir es einmal.

1. Farben

Welche Farbe trägt Europa? Nein, das EU-Blau ist nicht die einzige Antwort. Wer an Europa denkt, hat doch ein anderes Bild vor Augen. Ein buntes Bild. Das Bild des gegliederten, in drei Richtungen ausgefransten Kontinents, dieses kleinen Vorgebirges des asiatischen Festlandes, wie es Paul Valéry einmal genannt hat, schillernd in allen Farben. Jedem, der etwa eine politische Karte Europas betrachtet, muss diese Buntheit in die Augen springen. Diese vielen kleinen farbigen Flecken in der Mitte und im Südosten des Kontinents, die größeren deutlich sich davon abhebenden Gebilde im Westen und Norden, und dann, wie ein Kontrastprogramm, ganz im Osten eine riesige, einheitlich eingefärbte Fläche. Europa und Russland – das ist, als schöne Kunst betrachtet, der ewige und immer wieder von neuem fruchtbare Kontrast zwischen dem bunten Allerlei auf der einen und einer dominanten Monochromie auf der anderen Seite.

Die Farben markieren die Souveränitätsansprüche von Nationalstaaten. Sie sind auch das Erbe eines Europas, wie es sich im neunzehnten und zwanzigsten Jahrhundert gebildet hat. Vielfalt und Buntheit wechseln mit klaren, großräumigen Strukturen. Wirft man den Blick auf eine Karte des mittelalterlichen Europa, kann sich das Auge an den unzähligen selbständigen Farbevokationen kaum sattsehen. Was Schöneres als die Binnenstruktur des Heiligen Römischen Reiches hat es – ästhetisch betrachtet – wohl kaum je gegeben. Ein ungeheurer Reichtum an Farben und Formen kann hier bewundert werden, kleinste Einheiten, Fürstentümer *en miniature*, Stadtstaaten, erste Ansätze zusammenhängender Territorialherrschaften, daneben, darunter und darüber verschiedene

Bündnissysteme, Zugehörigkeiten, Einflusssphären, Zweideutigkeiten. Dem Auge kann dies nur klargemacht werden durch Mehrfachumrandungen und Schraffuren, durch Schattierungen und Tönungen, Farben reichen dazu nicht aus. Die Umwandlung Europas in ein Konglomerat von Nationalstaaten bedeutet in der Ästhetik ihrer Kartografie die Aufgabe dieser Vielfalt. Eine Europakarte um 1910 kennt nur mehr wenige Farben, klare Grenzen, nur dem differenzierten und kenntnisreichen Blick erschließt sich noch die innere Vielfalt der alten multiethnischen Monarchien der Habsburger und Romanows. Bunt wurde es nur dort, wo es immer noch bunt ist: am Balkan.

Legt man neben eine Europakarte des Jahres 1910 eine Weltkarte der gleichen Zeit, gewinnen die Farben eine ganz andere Ausdruckskraft. Ein Gutteil der Welt schillert in denselben Farben wie Europa, aber in welchen Dimensionen! Im globalen Maßstab kleine Gebilde wie England oder Frankreich färben ganze Kontinente ein, nicht zu sprechen von winzigen Flecken wie Belgien, Holland oder Portugal, deren Farben nun auch riesige Flächen in Afrika oder Südostasien bedecken. Der europäische Kolonialismus erweist sich im Spiel seiner Farben schon als Ausdruck jener Unverhältnismäßigkeit, an der er auch zerbrechen wird. Und dennoch markieren diese Farben auch die ersten und zum Teil bis heute gültigen Konturen einer Globalisierung, die, man mag es wollen oder nicht, als Europäisierung der Welt begonnen hatte.

Und heute? Nach dem Fall des Eisernen Vorhangs ist Europa wieder bunt geworden, gegenüber den Verhältnissen vor einem Jahrhundert hat die Anzahl der souveränen Staaten dramatisch zugenommen. Hübsch anzusehen, keine Frage. Und doch zeigen die Farben nicht mehr alles. Denn ein Großteil dieser Staaten ist Mitglied der Europäischen Union, und diese stürzt die ästhetische Gestalt Europas in ein veritables Dilemma. Alle Mitgliedstaaten gleich einzufärben suggerierte einen territorialen Flächenstaat, der Europa nicht ist und vielleicht auch nie sein sollte; den Nationalstaaten ihre Farben zu lassen und die Union nur durch Umrandungen anzudeuten suggerierte ein klassisches Bündnissystem, das die Union weder ist noch sein will. Und manchmal ergibt sich aus diesen Schwierigkeiten ein Effekt, der nicht ohne Ironie ist: In manchen Europakarten erscheinen die Staaten, die nicht Mitglied der Union sind wie Norwegen oder die Schweiz, in unschuldigem Weiß – der altehrwürdigen Farbe jener *terrae incognitae*, die einzufärben die Europäer einst aus- und um die Welt gezogen waren.

Abgesehen von der ästhetisch nicht gerade belanglosen Frage, dass die EU, Schengen-Europa und Euro-Europa nicht deckungsgleich sind, ließen sich an den Valeurs, in denen Europa sich darstellt, auch die Wertigkeiten ablesen, die unterschiedlichen Konzeptionen von Europa zugeschrieben werden. Denkt man sich Europa zum Beispiel nicht als einen Verband oder eine Vereinigung der Nationalstaaten, sondern als ein Europa von Regionen, die zum Teil viel älter als die Nationen sind und quer zu diesen stehen, dann ergäbe sich eine Karte, die an Vielfalt, überraschenden und komplexen Konturen und farbenfroher Buntheit kaum zu überbieten wäre. Legte man über diese dann die alten Grenzen der Nationalstaaten, würde das, was Europa auch sein könnte, im besten Sinn des Wortes sinnfällig werden und ins Auge springen.

2. Töne

Wie klingt Europa? Wie das Hauptmotiv des vierten Satzes von Beethovens Neunter Symphonie? Nun, diese Antwort läge nahe, wurde dieses Motiv doch zur Europahymne erhoben, griffe aber dennoch zu kurz. Eher im Gegenteil. Die Entscheidung des Europarats in Straßburg aus dem Jahr 1972, eine von Herbert von Karajan arrangierte Instrumentalfassung der Ode »An die Freude« zur Europahymne zu erklären, eine Entscheidung, die von den Europäischen Gemeinschaften am 21. April 1986 wiederholt und von der Europäischen Union bestätigt wurde, könnte auch als ein vorläufiger Endpunkt in der langen Geschichte des ideologischen Missbrauchs dieser Symphonie gewertet werden. Sowohl Nationalsozialisten als auch Kommunisten hatten versucht, dieses Spätwerk Beethovens für sich und ihre totalitären Phantasien zu reklamieren. Europäisch wäre es gewesen, den einzigartigen Charakter und die besondere Stellung dieser Symphonie in der Geschichte der Musik zu respektieren und sie nicht zu einem politischen Symbol zu degradieren. Dass die tragende Melodie des Schlusssatzes nicht mit Schillers Text unterlegt wurde, wie viele glauben, verdankt sich übrigens einer europäischen Sprachenpolitik, die keiner Sprache einen Vorzug einräumen wollte. Versuche, Schillers Text in einer Esperanto-Fassung oder überhaupt einen neuen Text in lateinischer Sprache der Musik Beethovens beizugeben, sind bisher zumindest gescheitert.

Nein, der Klang eines Kontinents entfaltet sich am allerwenigsten in der politisch-programmatischen Musik, in der er sich gerne gespiegelt sähe. Die Musikalität Europas zeigt sich allerdings sehr wohl in der Idee der absoluten Musik, also einer Musik, die nicht aus rituellen, religiösen, politischen oder psychohygienischen Gründen erklingt, sondern nur, um gehört zu werden. Und dies ist eine, vielleicht die genuine europäische Erfindung im Bereich des Ästhetischen. Das Konzerthaus wäre so kein schlechtes europäisches Emblem, und die europäische Kunstmusik in ihrer Freiheit wäre wahrscheinlich ein besserer Botschafter dieses Kontinents und seines Selbstverständnisses als so manch anderes, das dafür verwendet wird. Die Musikalität Europas erweist sich darüber hinaus aber auch darin, dass das politische Problem Europas durchaus musikalisch gedacht und gedeutet werden kann.

Das 18. und vor allem das frühe 19. Jahrhundert beschrieben die europäische Politik oft als »Konzert der Mächte«. In dieser Formel ist das Gemeinsame einer solchen Politik ebenso enthalten wie der ästhetisch gedachte Imperativ, das Unterschiedliche überhaupt erst zu einem Zusammenklang zu bringen. Jeder spielt seinen Part, folgt seinen Interessen, unterwirft sich seiner Staatsräson, aber immer im Bewusstsein, dass dieses Kalkül Element eines Zusammenspiels ist. Dieses muss nicht nur auf andere Rücksicht nehmen und deren Interessen respektieren, sondern hat auch eine Balance zum Ziel, eine Ausgewogenheit, einen Wohlklang, der einseitige Eruptionen ebenso verbannt wie schrille Dissonanzen oder Dominanzansprüche, die das Klangbild empfindlich verzerren könnten. Auch wenn mit dieser Metapher gerne das Gleichgewicht jener europäischen Mächte charakterisiert wird, die vom Wiener Kongress bis zum Krimkrieg die Politik dieses Kontinents bestimmten, mag doch einiges für die Verwendung musikalischer Konzepte zur Verdeutlichung europäischer Perspektiven sprechen.

In der europäischen Kunstmusik bezeichnet das Konzert nicht nur ein Zusammenspiel, sondern insbesondere auch das Mit- und Gegeneinander eines Solisten und eines Orchesters.

Wer den führenden Part, mitunter die sprichwörtliche erste Geige spielt, wer den Ton angibt, wer den Takt vorgibt, wer aus den Klangmassen deutlich seine Stimme erheben kann, wer die entscheidenden Motive vorträgt und auf die Resonanz der anderen Klanggruppen wartet – sind das nicht genau die Fragen, die die europäische Politik bestimmen? Und ist es nicht auch von einem besonderen ästhetischen Reiz, ob diese Funktionen von einer oder von mehreren Stimmen wahrgenommen werden können? Beethoven schuf auch ein Triplekonzert, in dem drei Soloinstrumente mit einem Orchester korrespondieren. Und seit es die Idee eines geeinigten Europa gibt, gibt es auch die Frage nach den führenden Stimmen in diesem Europa. Lange schien klar, dass auch Europa ein Triplekonzert sein musste, eine »europäische Triarchie«, wie dies Moses Heß, einer der zu Unrecht vergessenen Ahnherren des geeinten Europa genannt hatte: England, Frankreich und Deutschland als jene Stimmen, aus deren Engführung und Verschmelzung das neue Europa hätte entstehen sollen.

Was aber bedeutete dieser Anspruch für ein Zusammenspiel, das sich aus verschiedenen Quellen speist, unterschiedliche Solisten kennt und doch zu einer Einheit finden will? Weniger als eines Dirigenten bedürfte es vorab eines Rahmens oder, um in der Sprache der Musik zu bleiben, einer Partitur, an der sich dieses Spiel überhaupt erst orientieren kann. Der europäische Gedanke kann als ein Kompositionsprojekt aufgefasst werden, bei dem es darum geht, eine Struktur zu finden, die all den verschiedenen Verschiedenheiten – sprachlichen, sozialen, religiösen, ethnischen, kulturellen, ästhetischen, sexuellen – gleichermaßen die Möglichkeit ihres Ausdrucks und ihres Einfügens gibt. Wer die Schule der Ästhetik der Moderne durchlaufen hat, weiß, dass dabei auch schrille Töne und Dissonanzen möglich sind. Auch die Atonalität gehört zur europäischen Geschichte, aber selbst diese gehorcht einem formenden Prinzip, das noch das Differenteste zueinander in Beziehung zu setzen weiß. Als reine Kakofonie aber wäre Europa auf Dauer nicht nur akustisch unerträglich.

Denkt man Europa als den Kontinent der Vielfalt, der nach Einheit strebt, drängt sich ein anderes musikalisches Vokabular geradezu auf. Der Zusammenklang des Verschiedenen – war das nicht die ursprüngliche Bedeutung von Harmonie? Diese meinte ja gerade nicht eine Harmonisierung im Sinne einer Vernichtung der Unterschiede, sondern deren produktive Weiterentwicklung in Hinblick auf ein dadurch mögliches neues Ganzes. Nicht Monotonie oder Standardisierung sind die Kennzeichen der Harmonie, sondern dass in dieser die verschiedenen Stimmen und Instrumente und ihre eigenen Klangfarben hörbar bleiben, aber nicht in einem Neben- oder Gegeneinander verharren, sondern zu einer Einheit finden. Wie ließe sich die aktuelle Situation Europas besser beschreiben? Und müsste man bei vielen noch immer von nationalstaatlichen oder ökonomischen Interessen geleiteten Ansprüchen nicht jene Worte vorschalten, die auch Beethoven seiner Vertonung von Schillers Ode »An die Freude« voransetzte: »O Freunde, nicht diese Töne ...«?

3. Worte

Wie spricht Europa? Wir wissen es: mit vielen Stimmen. Aber nicht das Sprachgewirr der Regierungen, Kommissare, Parlamente, Parteien, Lobbys, Initiativen und Bewegungen interessiert uns hier, sondern die Worte, mit denen Europa von sich selbst erzählt. Europa war der Kontinent der großen Erzählungen, und seine poetischen Evokationen waren von allem Anfang an europäische Unternehmungen gewesen. Wohl stimmt es: Die Literatur ist keine europäische Erfindung, dazu ist dieser Kontinent gegenüber den Kulturen Asiens erst verspätet ins Licht der Geschichte getreten. Aber Europa hat viel von dem, was anderenorts erzählt und überliefert worden war, aufgenommen und in unverwechselbare Formen gebracht. Was wäre denn Europa ohne die Stimme Homers, der dem Epos schon in seiner Geburtsstunde seine Vollendung gab und die Kultur dieses Kontinents mit Stoffen, Figuren und Handlungen versorgte, die über die Jahrtausende hinweg als Inspirationsquelle dienten? Was wäre Europa ohne die schöne Helena und das Urteil des Paris, was wäre Europa ohne Agamemnon und den Zorn des Achill, ohne die Belagerung Trojas und die Irrfahrten des Odysseus? Und was wäre Europa ohne die mythischen Figuren, die nicht nur über die Zeiten hinweg unzählige Varianten und Bearbeitungen erfahren haben, sondern das europäische Denken bis hin zur modernen Philosophie und Wissenschaft nachhaltig geprägt haben? Was wäre Europa ohne Prometheus und Ödipus, ohne Elektra und Kassandra, ohne Narziss und Adonis, ohne Medea und Antigone, ohne Apoll und Dionysos?

Was spräche eigentlich dagegen, die Poesie dieses Kontinents, seine kunstvoll gebundenen Worte, seine sprachlichen Rhythmen und Formen als europäische Projekte sui generis aufzufassen? Fundierte Cervantes' »Don Quixote« nicht den europäischen Roman? Was wäre das moderne Theater ohne die antike Tragödie und ohne Shakespeare? Waren »Don Juan« und »Faust« nicht europäische Ereignisse, die sich in unzähligen Varianten immer wieder bemerkbar machen mussten?

Waren die Bearbeitungen des Parzival-Stoffes nicht eine europäische Gemeinschaftsarbeit, die sich vom hohen Mittelalter bis ins zwanzigste Jahrhundert erstreckte? Und lässt sich ohne Petrarca und Dante, ohne Schiller und Ibsen, ohne Flaubert und Dostojewski, ohne Proust und Thomas Mann überhaupt sinnvoll über Europa sprechen? Was wäre die Kultur dieses Kontinents ohne die Vielzahl an Sprachen und Literaturen, die doch ein gemeinsames Erbe, gemeinsame Stoffe, gemeinsame Wurzeln, gemeinsame poetische Normen verbindet?

Wie spricht Europa? Nicht nur vielfältig, in einem ungeheuren Formenreichtum, in einem weit ausholenden Gestus, sondern auch und vor allem in Gestalt jener Texte, die sich nur einem lesenden Auge erschließen. Europa kann und muss im besten Sinn des Wortes erlesen werden, die Fähigkeit, sich lesend den unzähligen Stimmen dieses Kontinents, der schon längst seine Grenzen überschritten hat und sich der Idee der Weltliteratur verpflichtet fühlt, zu nähern, wäre eine europäische Tugend par excellence. Der grassierende Analphabetismus aber und die demonstrative Verächtlichmachung des Buches wären endlich als antieuropäische Phänomene zu begreifen.

4. Architekturen

Worauf baut Europa? Kaum eine Kunst dominiert so sehr die politische Rede wie die Architektur. Die Metapher vom gemeinsamen Haus Europa ist selbst ein Stück europäischer Geschichte. Prominent wurde dieses Bild durch Michael Gorbatschow, der es in zahlreichen Ansprachen verwendete. Das gemeinsame Haus sollte nach dieser Vorstellung jeder europäischen Familie eine eigene Wohnung bieten, auch mit unterschiedlichen Eingängen, und einer Hausordnung, die eine friedliche Koexistenz ermöglichen und einen besseren Schutz aller vor Katastrophen gewähren sollte. Solch ein Haus kennt zwar das gemeinsame Dach und gemeinsame Interessen, aber noch kein gemeinsames Leben. Aktuell verändert das europäische Haus seine Gestalt. Es soll mehr zu einem Raum des Miteinander, weniger zu einem des Nebeneinander werden, die Räume sollen durchlässig sein, wenn auch die Eingangstüren gesichert werden wollen. Und kommt es im Inneren dieses Hauses zu Konflikten, zu Krisen, zu sozialen Differenzen, dann ist Feuer am Dach.

Die Metaphern der Baukunst tragen aber weiter. Vor allem die komplexen Strukturen der europäischen Verfasstheit, das Verhältnis von Rat, Kommission und Parlament, die Funktionen und Bedeutungen der unterschiedlichen europäischen Institutionen werden gerne in Bildern veranschaulicht, die deutliche architektonische Referenzen aufweisen. Von Fundamenten ist da gerne die Rede, von tragenden Säulen, davon, mit welchen Elementen man den Bau fortsetzen soll, welche Wände man stärken muss, damit das fragile Gebäude nicht zusammenbricht. Diese Metaphorik erlaubt nicht nur, sie verführt auch zu einer spezifischen politischen Rhetorik. In der ist dann viel davon die Rede, Europa zu bauen, von drinnen und draußen, von Brücken, die geschlagen, und solchen, die nicht abgebrochen werden dürfen, von Gräben, die zugeschüttet, und solchen, die nicht aufgerissen werden sollten, aber auch davon, dass Europa einer Festung gleichen könne, umgeben von Mauern.

Tatsächlich aber birgt die Rhetorik des Bauens eine nicht unwesentliche Gefahr. Sie orientiert sich am Ideal der Statik, am Ende muss etwas festgefügt und auf sicheren Fundamenten ruhend stehen, auf der Ökonomie soll die politische Einheit aufbauen, auf einem kulturellen Wertebewusstsein soll eine neue Ökonomie ruhen, das Ganze soll vielleicht kein Palast, aber auch kein Tempel werden, jedoch ein solides Gebäude, das nicht so leicht aus dem Gleichgewicht gebracht werden kann, und den Stürmen der Globalisierung ebenso standhalten können wie es Schutz vor den Brandherden in der unmittelbaren Nachbarschaft geben sollte. Vergessen wird, dass sich eine gesellschaftliche und politische Dynamik nur schwer in die Sprache der Architektur bannen lässt, übersehen wird, dass die Wandlungen und Metamorphosen, an denen Europa so reich ist, in solchen Metaphern kaum Platz finden.

5. Staatskunst

Europa, als schöne Kunst betrachtet, ergibt einen synästhetischen Reiz von beachtlicher Tiefe und Dynamik. Mit jeder Drehung der Geschichte, mit jeder Bewegung in der Gesellschaft, mit jedem Ereignis, jeder neuen Konstellation ergibt sich ein überraschendes, facettenreiches, buntes, flimmerndes Bild. Altes verschwindet, Neues entsteht, es gibt aber auch dunkle, blinde Flecken, Misstöne und Dissonanzen, Brüche und Reibungsflächen, Schiefes und Instabiles. Blickt man hier genauer hin, kann man erkennen, dass unter dieser ästhetischen Perspektive auch die Idee der Politik eine neue Bedeutung gewinnen könnte. Getrennt waren Kunst und Politik ja nie. Das alte Europa kannte noch den schönen Begriff der Staatskunst, bei dem es darum ging, elegant, mit Raffinement und ohne allzu großes Risiko die Interessen der Nation oder des Staatswesens durchzusetzen. Das Europa der Zukunft könnte dem Begriff der Staatskunst eine neue Bedeutung geben. Ihre Protagonisten werden mit vielen Bällen jonglieren müssen, und ihre Kunst wird darin bestehen, sich von alten Bindungen loszusagen und den Staat in seiner überlieferten Gestalt selbst zur Disposition zu stellen. So wie die Kunst im Europa des 18. Jahrhunderts ihre Unabhängigkeit von allen bevormundenden Instanzen forderte und damit ihre Autonomie und Freiheit begründete, so könnte die Politik im 21. Jahrhundert als genuin europäisches Projekt ihre Autonomie gegenüber den tradierten Ansprüchen und Verpflichtungen nationalstaatlicher Interessen behaupten und anstreben. Das Europäische erschiene dann nicht mehr nur als eine Synthese des Vorhandenen oder als Fortsetzung des Erreichten, sondern als eine eigene politische Gestalt, die ihre Konturen und Farben, ihre Klänge und Geschichten, ihre Bilder und Metaphern noch suchen und finden müsste. Als schöne Kunst betrachtet, zählte Europa dann zu den Hauptwerken einer gleichermaßen erfahrungsreichen wie aufregend experimentellen Ästhetik.

NICHTS NEUES
UNTER DER SONNE

Über innovative und
andere Innovationen

Wären alle Innovationen, von denen heute die Rede ist, wirklich innovativ, wäre das Leben grauenhaft. So viel Neues hielte niemand aus. Wenn in der Tat von der Zahnpasta, die man morgens benutzt, bis zum Espresso, mit dem man sich auf Touren bringt, vom Verkehrsmittel, das man wählt, bis zur Schule, in die man seine Kinder schickt, von der Kleidung, die man trägt, bis zum Smartphone, mit dem man kommuniziert, vom Tablet, mit dem man arbeitet, bis zum Menü, das man danach verzehrt, von der TV-Serie, die man sich spätabends zu Gemüte führt, bis zur Bettdecke, unter der man den Tag beendet, alles so voll von Neuerungen wäre, wie es die Werbung und der Zeitgeist verheißen, müssten wir unsere Leben praktisch jeden Tag neu erfinden – und dies schaffte auch der größte Innovationsfreund nicht. Angesichts der Omnipräsenz der Rhetorik der Innovation drängt sich geradezu der Verdacht auf, dass so viel von Innovationen die Rede sein muss, weil uns nicht wirklich viel Neues mehr einfällt. Und manchmal mag sich sogar bei einem modernen Menschen ein Verdacht einschleichen, der schon in biblischen Zeiten formuliert wurde: »Was geschehen ist, eben das wird hernach sein. Was man getan hat, eben das tut man hernach wieder, und es geschieht nichts Neues unter der Sonne. Geschieht etwas, von dem man sagen könnte: Siehe, das ist neu? Es ist längst vorher auch geschehen in den Zeiten, die vor uns gewesen sind.«

Der Prediger des Alten Testamentes ist von einer grundlegenden Skepsis gegenüber dem Neuen erfüllt. Er bezweifelt, ob es das Neue überhaupt gibt, und gibt damit einer Haltung Ausdruck, der Friedrich Nietzsche durch seine Lehre von der ewigen Wiederkehr des Gleichen eine letzte, umstrittene Gestalt gegeben hat. Die Skepsis gegenüber dem Neuen ist älter, viel älter als die Begeisterung für den Zyklus der Innovationen, die unsere Epoche kennzeichnet. Allerdings beziehen sich sowohl der biblische Autor als auch der Verfasser des »Zarathustra« dabei auf das, was geschieht: auf das Handeln der Menschen, auf ihre Konflikte, auf die Art und Weise, wie sie ihre Beziehungen und die sozialen Formen ihres Zusammenlebens organisieren. Wer die Debatten über Asyl und Migration in den vergangenen Jahren verfolgt hat, wer die in diesem Zusammenhang immer wieder gebrachten Vergleiche mit ähnlichen Ereignissen der Vergangenheit studiert hat, wer dabei auf den manchmal positiv, manchmal negativ konnotierten Begriff der Völkerwanderung stieß, der konnte sich vielleicht des Gedankens nicht erwehren, dass unser Umgang mit solchen oder ähnlichen Fragen und Problemen sich nicht wesentlich von den Handlungsweisen früherer Epochen und Kulturen unterscheidet. Und dass Gewalt für viele Menschen noch immer ein Mittel zur Lösung sozialer und politischer Konflikte zu sein scheint, bis hin zu atavistisch anmutenden Formen des Tötens, müsste eigentlich an der sozialen Innovationskraft der Menschen zweifeln lassen. Hier geschieht wahrlich nichts Neues unter der Sonne. Dies ist übrigens auch ein

Grund, warum wir Dokumente längst vergangener Epochen noch immer verstehen, ja mit Gewinn studieren können. Dennoch sind wir überzeugt davon, dass keine Gesellschaft sich so rasant und nachhaltig wandelt wie die unsere, und dass ihr Wohl und Wehe davon abhängt, innovativ zu sein, uns also mit Neuem zu versorgen. In erster Linie setzen wir dabei allerdings auf neue Technologien. Diese sind es, die unser Leben verändern und letztlich Innovation auch als eine Lebensform begründen: bereit sein für das Neue, von früh an. Das heißt nicht unbedingt, einen neuen Gedanken riskieren oder nach neuen Lösungen für soziale, ökonomische oder politische Konflikte zu suchen, sondern offen zu sein für eine neue Generation von Geräten und den damit verbundenen erhofften Wandel der Gesellschaft.

Fraglich, ob im Bereich des sozialen Lebens überhaupt sinnvoll von Innovation gesprochen werden kann. Natürlich gib es in diesem Feld Transformationen, einen Wandel von Wertvorstellungen, sich ändernde soziale und politische Strategien, neue Ideen und die Geschichte ihrer politischen oder sozialen Durchsetzung. Aber sehr viele soziale Einrichtungen einer Gesellschaft erscheinen außerordentlich stabil, ändern oft nur ihre Form und Gestalt oder kehren in Variationen immer wieder. Konzepte wie Ehe, Familie, Herrschaft, Demokratie, Tyrannei, rhetorische Figuren, Formen des kommunikativen Handelns haben sich seit Jahrtausenden nur wenig gewandelt. Der Konflikt der antiken Antigone zwischen Staatstreue und individueller Moral, zwischen dem Anspruch einer allgemeinen politisch-pragmatischen Vernünftigkeit und dem subjektiven Mitgefühl ist noch immer ein Element unseres sozialen Lebens, und wir haben noch immer keine Strategien gefunden, diesen Konflikt befriedigend zu lösen.

Ähnliches bemerken wir im Bereich der Bildung. Bestimmte Formen des Erwerbs und der Vermittlung von Wissen durchziehen die Geschichte des pädagogischen Handelns, seit es Zivilisationen gibt, das »sokratische Gespräch« wird von den Didaktikern jeder Generation neu entdeckt. Die Verlockung, im Bereich des Sozialen, in dem Innovationen nicht so einfach gefordert, gefunden und durchgesetzt werden können, diese auch als technische Neuerungen aufzufassen, ist groß, aber mitunter höchst prekär. Zu glauben, dass die Einführung digitaler Endgeräte in das Unterrichtsgeschehen auch zu einer pädagogischen Innovation in einem sozialen Sinn führen wird, könnte sich als trügerische Hoffnung erweisen. Nach Phasen einer technophilen Euphorie folgt im Bildungsbereich regelmäßig der Katzenjammer. Dann erinnert man sich einer weltweit angelegten Metastudie, für die Zigtausende von Datensätzen verarbeitet wurden und die zu dem überraschenden Ergebnis kam, dass für Lernprozesse das persönliche Verhältnis zwischen Lehrer und Schüler das Entscheidende ist. Das galt aber auch schon für die Zeit des Sokrates. Ersetzt wurde nur der Papyrus durch das Tablet. Alles andere blieb, pointiert formuliert, gleich.

In der Moderne ist das Neue aber selbst zu einem Wert geworden. Nach einer These des Kulturphilosophen Boris Groys hat die Frage nach dem Neuen die alten Fragen nach der Wirklichkeit und der Wahrheit abgelöst. Neue Theorien und Technologien, aber auch neue Kunstwerke werden in der Moderne nicht mehr deshalb geschätzt, weil sie auf ungelöste Fragen bessere Antworten wüssten als traditionelle Theorien oder Werke, sondern allein, weil sie mit dem Gestus des Neuen auftreten. Das Pathos, mit dem das Neue in der Moderne erscheint: dass damit ein entscheidender Fortschritt in der Naturbeherrschung, der Medizin, der Kommunikation, der Erkenntnis, der Politik oder der Kunst gesetzt sei, an dessen Ende der »neue Mensch« stehen werde, erweist sich damit womöglich als Ideologie. Dem Neuen geht es nur um sich selbst. Das Einzige, was es gegenüber dem Alten in die Waagschale zu werfen hat, ist nicht unbedingt das Bessere, sondern eben: Es ist etwas Neues. Was nicht neu ist oder sich als neu präsentieren kann, hat keinen Wert – und sei es auch noch so gut oder funktional oder bewährt. Deshalb müssen in unserer Zeit wichtige, aber seit langem bekannte Technologien, Verfahren oder Theorien immer mit dem Etikett des Neuen versehen werden, um überhaupt wahrgenommen werden zu können.

Viel, was als Innovation gehandelt wird, erweist sich oft lediglich als Variation, als Verbesserung, als Weiterentwicklung einer seit langem bekannten Neuerung. Das Prinzip des Verbrennungsmotors, die eigentliche Innovation, ist seit mehr als einem Jahrhundert bekannt, die Geschichte des Automobils kann auch als Geschichte der Entfaltung und Optimierung dieses Prinzips gelesen werden. Und die Pointe dabei: Die nun als neueste Innovation gepriesene Elektromobilität beruht auf einer Erfindung, die älter ist als der Verbrennungsmotor. Innovation ist so oft eine Frage des Standpunktes, und es ist nicht nur philosophisch interessant, bei manchen technologischen Entwicklungen zu fragen, wann und wo die entscheidende Innovation eigentlich stattgefunden hat. Bei zahlreichen Innovationen, die durch das Attribut neu annonciert werden, wird man den Verdacht nicht los, dass bestenfalls die Etiketten neu sind, unter denen das Alte weiterbetrieben wird.

Dass technische Innovationen auch einen gesellschaftlichen Wandel bewirken, ist offenkundig; ebenso augenscheinlich ist aber, dass es weite Bereiche des Lebens gibt, in denen wir noch immer nahezu atavistisch agieren und gegenüber neolithischen Kulturen kaum mit Innovationen aufwarten können. Wer über Veränderungen, über neue Chancen und neue Gefahren nachdenkt, muss deshalb sorgsam darauf achten, sich nicht von den Konnotationen der verwendeten Begriffe verführen zu lassen. Der Begriff der Veränderung hat in einer Gesellschaft, die sich selbst als dynamisch wahrnimmt, eine positive Bedeutung, während für Gesellschaften eher bewahrenden Typs die Aussicht auf Veränderung als Bedrohung empfunden wird. Nun gibt es, außer in idealtypischen Konstruktionen, keine an sich dynamischen oder an sich bewahrenden Gesellschaften, sondern Gesellschaft schlechthin besteht – unter dem Aspekt des sozialen Wandels betrachtet – aus einer Kombination von rasch sich verändernden und relativ stabilen Einrichtungen. Um die Dynamik einer Gesellschaft zu beschreiben, kommt es also darauf an, die Erscheinungsformen und das Mischungsverhältnis von verändernden und stabilisierenden Faktoren zu analysieren.

Damit eine Gesellschaft funktioniert, sind prinzipiell beide Elemente notwendig. Zum einen also bewahrende Strukturen wie stabile Institutionen, oft jahrhundertealte Traditionen und Überlieferungen, Formen des Zusammenlebens, kollektive Überzeugungen und Normen und Werte, die nicht nur für den Augenblick gelten. Solche Faktoren erlauben es überhaupt erst, dass sich Gesellschaften mittelfristig als eine Einheit verstehen können, sie schaffen überhaupt erst die Möglichkeit, zu einer Vergangenheit zu kommen, und sie bilden das Fundament, von dem aus Zukunftsperspektiven entworfen werden können, die imstande sind, den eigenen Lebenshorizont zu überschreiten. Zum anderen benötigen wir aber auch die mobilisierenden und liquidierenden Kräfte, die uns den Wandel auch sinnlich begreiflich werden lassen. Und dazu gehören nicht nur die heute gerne mit Veränderung identisch gesetzten technischen Innovationen, sondern auch die Transformation von Lebenskonzepten, von Wertvorstellungen, von politischen Ordnungen und von ästhetischen Präferenzen. Diese dynamisierenden Faktoren sind notwendig, um im Wechselspiel mit der Natur und mit anderen Menschen und ihren Ordnungen nicht das Gefühl zu verlieren, am Leben zu sein.

Gesellschaften, die einseitig das Bewahren betonen, drohen zu erstarren, das Immergleiche zu reproduzieren und an einem Mangel an Bewegungsfähigkeit zu scheitern; Gesellschaften, die nur noch auf Veränderung setzen, laufen Gefahr, auseinanderzufallen oder sich zu fragmentieren. Menschen, die Innovation nur unter technischen Gesichtspunkten sehen, übersehen die Eigengesetzlichkeit sozialer und politischer Dynamiken. Menschen, die auch die Technik nur als avancierte Wiederholung des Immergleichen deuten – die Atomrakete als besserer Speer, das Automobil als bessere Kutsche, das Mobiltelefon als besseres Rauchzeichen, Facebook als den besseren Gemeinschaftsraum –, übersehen, dass die entscheidenden technischen Innovationen immer auch soziale Transformationen mit sich gebracht haben.

Allerdings: Wer auf das Neue als Wert setzt, setzt sich damit immer einem Risiko aus. Denn das wirklich Neue, die echte Innovation, ist neu, weil zentrale Aspekte davon unbekannt sind und eine Abschätzung der Folgen dieser Innovation schwer möglich ist. Eine wirklich innovative Gesellschaft benötigte deshalb viel von dem, was der Philosoph Günther Anders »prognostische Phantasie« genannt hat. Wer das Neue verkündet und so tut, als bliebe alles beim Alten, hat entweder nichts Neues zu bieten, oder er weiß nicht, was dieses bringen wird, will dies aber nicht zugestehen. Da im Gegensatz zu vormodernen Gesellschaften die Moderne von der Zukunft tatsächlich das Neue, das heißt Unbekannte erwartet, ist diese Erwartung auch in ganz anderer Weise von Unsicherheit gekennzeichnet als in Gesellschaften, die viel stärker mit dem Modell der Wiederholung arbeiten konnten.

Zukunftsoffenheit muss Unsicherheit bedeuten, denn die Zukunft wäre im modernen Zeitverständnis keine Zukunft, wenn man wüsste, was sie bringen wird. Zukunft muss selbst als Risiko erfahren werden, ja, sie ist das Risiko schlechthin. Sie eignet sich deshalb als vorzügliche Projektionsfläche für Hoffnungen und Ängste aller Art, sie ist deshalb aber auch der eigentliche Zuchtmeister moderner Gesellschaften. Indem Zukunft als Risiko aufgefasst wird, kommen wir allerdings in eine seltsame Aporie: Das Unberechenbare muss berechenbar gemacht werden, das berühmte Restrisiko muss abschätzbar sein und als Wahrscheinlichkeit eingestuft werden können. Wäre dies nicht so, wäre auch eine durch Innovation generierte Zukunft etwas anderes: Schicksal zum Beispiel oder Kismet oder Zufall oder die ewige Wiederkehr des Gleichen, auf jeden Fall: nichts Neues.

Demonstrieren ließe sich dies am Beispiel der Digitalisierung und der damit verbundenen Automatisierung von Produktions-, aber auch von Kommunikationsprozessen. Inwiefern diese Entwicklung tatsächlich Motor auch einer sozialen Dynamik sein wird, die etwa unser Verhältnis zur Arbeit grundsätzlich ändern könnte, oder ob nach der Logik jeder Industriegesellschaft Arbeit durch technische Innovation zwar auf der einen Seite verschwindet, aber in anderer Form auf einer anderen Seite wiederauftaucht, ist eine derzeit offene Diskussion. An dieser aber lässt sich auch ablesen, wie sehr gerade die Proponenten der technischen Innovation gleichzeitig an sozialen Gewohnheiten festhalten wollen: am Prinzip der Lohnarbeit, am Prinzip menschlicher Arbeit als wesentlicher Quelle der Wertschöpfung, an der Vorstellung, dass es nur eine Frage der richtigen Qualifikation und Ausbildung ist, ob Menschen in Zukunft Arbeit finden werden. Dass die flächendeckende Automatisierung der Produktion und die Rationalisierung komplexer Tätigkeiten durch künstliche Intelligenz zu einer neuen Konzeption von Arbeit und Wertschöpfung und damit zu einer neuen Organisation aller damit zusammenhängenden Fragen des sozialen Lebens führen könnten, ist oft gerade für jene kein Thema, die nicht müde werden, die Herausforderungen der Zukunft zu beschwören. Die Zukunft aber kennt keine Herausforderungen; denn die Zukunft ist nichts anderes als die Summe der Konsequenzen aktuellen menschlichen Handelns.

Wirklich moderne Gesellschaften müssen deshalb in einem radikalen Sinn traditionslos werden: Sie haben im Wortsinn nichts mehr weiterzutragen, weil sie alles von den Innovationen der Zukunft erwarten, die deshalb keine Fortsetzung des Vergangenen sein kann. Damit ist eine neue, grundlegende Form von sozialer Unsicherheit gegeben, die sich aus einem Wissen ergibt, das davon überzeugt ist, dass die Vergangenheit nicht in die Zukunft, wohl aber die Zukunft schon in die Gegenwart hineinreicht. Das erzeugt ungeheure Hoffnungen, aber auch ungeheure Ängste. Bei jeder technischen Innovation und bei jeder sozialen Veränderung, die als Einbruch der Zukunft in die Gegenwart begriffen werden darf, sind deshalb mit schöner Regelmäßigkeit beide Reaktionen zu beobachten: Euphorie und Panik. Besser wäre es, sich weder von jubilierenden Hymnen noch von apokalyptischen Ängsten beeinflussen zu lassen, sondern seinen Blick dafür zu schärfen, was sich jenseits der raschen Bewegungen der Märkte und Technologien wirklich radikal ändert, ändern kann, ändern soll oder nicht ändern darf. Denn: Es gibt nur wenig Neues unter der Sonne.

ERKENNE DEIN SELFIE!

Das Selbstporträt im Zeitalter seiner technischen Reproduzierbarkeit

Alles begann mit einem kleinen See. Und Windstille. Die Wasseroberfläche war glatt und ruhig, sodass der Jüngling, der sich darin spiegelte, ein ungetrübtes Bild seiner selbst erblicken konnte. Und wen immer er auch sah, als er sich sah – er, der wegen seiner Schönheit Vielbegehrte, der alle Angebote und Liebesbekundungen zurückgewiesen hatte, begehrte und verzehrte sich nun nach dem, was sich ihm am Ufer des Sees bot, ohne sich ihm anzubieten: das Bild seines Selbst.

Der stille See an einem mythologischen Ort produzierte das erste Selfie. Und Narziss war es, der seinen Blick und sein Begehren nicht von diesem Bild wenden konnte. Ich sehe mich, ich bin schön, ich begehre mich, ich liebe mich, ich will eins sein mit mir. Narziss, so erzählt es der römische Dichter Ovid, ist in Liebe zu seinem Spiegelbild entflammt, eine Liebe, die tödlich enden muss, denn sie ist nicht erfüllbar: Wann immer der Knabe sich seinem Bild im Wasser nähert, weicht dieses zurück, wird unscharf, zerfließt.

Den Narzissmus des Narziss mit Egomanie, Selbstüberschätzung und schrankenloser Gier nach Anerkennung gleichzusetzen greift zu kurz. Denn entscheidend ist – und vielleicht wird uns dies erst heute so richtig bewusst –, dass Narziss nicht sich, sondern ein Bild von sich liebt. Es ist die Vernarrtheit in eine Darstellung, von der wir wissen, dass wir es sind, die hier dargestellt werden. Umgekehrt ließe sich aber auch sagen, dass eine gewisse Form von Ich-Bezogenheit überhaupt erst entstehen kann, wenn ich ein Bild von mir sehe, ein Spiegelbild, ein Porträt oder ein Foto. Denn nur dann sehe ich etwas, was ich ansonsten nicht sehen kann: mich. Das »Mich der Wahrnehmung«, wie es der Philosoph Lambert Wiesing genannt hat[1], ist mir immer nur als Bild zugänglich. Ohne dieses sehe ich nur Teile meines Körpers – nie den Rücken, nie das Gesicht –, und dass man sich in den Reaktionen und Verhaltensweisen anderer Menschen spiegeln kann, ist eine Metapher, die die Erfahrung des Selbst im Bild schon voraussetzt.

Narziss hat sich nicht selbst gemalt, er hat sich auch nicht bewusst malen lassen, er wurde durch ein Naturphänomen mit dem Bild seines Selbst konfrontiert. Er hatte das Glück – oder Unglück –, schön zu sein, und konnte den Blick von seinem Bild nicht abwenden. Das aber bedeutete auch: Er war und blieb unfähig, sich anderen Wesen zuzuwenden; die Nymphe Echo, die ihn liebte, hätte davon ein Lied singen können, wäre sie nicht gezwungen gewesen, nur die Laute zu wiederholen, die verhallend an ihr Ohr drangen.

Wir leben, so lautete die Diagnose des amerikanischen Historikers Christopher Lasch, in einem »Zeitalter des Narzissmus«. Lasch hatte das Buch mit dieser These 1979 publiziert, und vieles, was den damals aktuellen Debatten in Kunst, Literatur und Psychologie geschuldet war, mag überholt erscheinen. Aber ein Zeitalter endet nicht nach wenigen Tagen. Aus dem ehemaligen von der Psychoanalyse Sigmund Freuds inspirierten Krankheitsbild der narzisstischen Störung wurde ein gesellschaftliches Phänomen. Überall, so Lasch, sehen und spüren wir ichbezogene Menschen, ohne Interesse an langfristigen Bindungen und der Zukunft, ohne Bedürfnis, sich in einem größeren Zusammenhang zu sehen, ohne historisches Gefühl, nur dem Moment gehorchend und immer auf der Suche nach dem eigenen Selbst: »Für den Augenblick, für sich selbst zu leben und nicht für Vorfahren oder Nachwelt, das ist die heute vorherrschende Passion.«[2]

Dieser Augenblick ist aber durch die technischen Medien vermittelt. Es ist keine natürliche Unmittelbarkeit mehr, sondern der festgehaltene Augenblick – allerdings nicht im faustischen Sinne des »Verweile doch, du bist so schön«, sondern als permanenter Imperativ, den je aktuellen Moment des Daseins auf Dauer zu stellen. »Das moderne Leben«, schrieb Christoper Lasch, »wird in einem so umfassenden Sinne durch elektronische Bilder vermittelt, dass wir gar nicht umhinkönnen, auf Mitmenschen so zu reagieren, als ob ihre Handlungen – wie die unsrigen auch – aufgezeichnet und gleichzeitig einem unsichtbaren Publikum übermittelt oder zur späteren genauen Überprüfung archiviert würden.« Erstaunlich, wie die Jahrzehnte später virulent gewordene digitale Kontrollgesellschaft in diesen Sätzen präformiert war, erstaunlich auch, wie man in der ersten Euphorie über die Perfektionierung und Individualisierung der digitalen Bildproduktion und ihrer Kommunikation solche Sätze vergessen hatte. Denn Christopher Lasch machte schon damals darauf aufmerksam – er bezog sich dabei auf Susan Sontag –, dass zu den vielen »narzisstischen Verwendungsmöglichkeiten« der immer handlicher werdenden Fotoapparate vor allem die »Selbst-Überwachung« gehört, durch die nicht nur eine »unaufhörliche Selbstprüfung« möglich wird, sondern auch das eigene Selbstgefühl vom »Konsum von Bildern dieses Selbst« abhängig wird.[3] Das aber, so Lasch, stellt die Beziehung zur Außenwelt in Frage, wie bei Narziss verläuft die Kommunikation nur mehr zwischen dem Subjekt und den Bildern, die dieses Subjekt von sich hat.

Die Einsicht in die narzisstische Struktur moderner Kommunikationstechnologien ist also alt. Neu ist, dass die avancierten Formen dieser Technologie einen Kreis zu schließen vermögen, der bei Lasch noch offen war: Die Bilder, die früher ein Ich zum Gegenstand hatten, werden nun von diesem Ich auch selbst hergestellt. Natürlich, auch das ist nicht wirklich etwas Neues. In der Kunstgeschichte kennen wir das Genre des Selbstporträts, das wir bis in die Antike zurückverfolgen können. Wer technisch in der Lage war, einen Gegenstand auf Leinwand zu bannen, konnte natürlich auch auf den Gedanken kommen, sich selbst abzubilden. Neben der technischen Voraussetzung – ein Spiegel – war dazu aber auch eine kulturelle Annahme wichtig: dass das Selbst überhaupt ein würdiger Gegenstand ästhetischer Darstellungskunst sei. Auch wenn uns dies heute selbstverständlich erscheint, immer galt dies nicht. Einem religiös gestimmten mittelalterlichen Maler wäre es kaum eingefallen, sich selbst ins Bild zu bringen.

Erst seit der Renaissance wird das Selbstporträt zu einem entscheidenden Medium, weniger der Selbstgefälligkeit als vielmehr der Selbstreflexion des Künstlers. Das Selfie könnte in Anlehnung an eine berühmte These von Walter Benjamin unter dieser Perspektive auch als die Kunst des Selbstporträts im Zeitalter seiner technischen Reproduzierbarkeit verstanden werden. Was früher nur dem Künstler unter bestimmten Bedingungen möglich war, was in Zeiten, als Kameras auf Stativen standen und man nach Betätigung des Selbstauslösers gerade zehn Sekunden Zeit hatte, um vor die Linse zu springen, Seltenheitswert hatte, wird zu einer Option, die jeder problemlos realisieren kann, der ein Smartphone in Händen hält. Damit erübrigt sich auch die vor allem in Urlaubssituationen gerne vorgetragene Bitte an einen Fremden, er möge doch so freundlich sein und ein Foto machen – eine Bitte, die man in der Regel aussprach, wenn man mit jemandem ins Bild wollte, alles andere wäre eher peinlich gewesen.

Warum aber und woher diese Lust, sich selbst nun – allein oder mit anderen – fast in jedem Augenblick zu fotografieren und diese Bilder anderen – im Idealfall: allen – zu zeigen? In seinem Mitte des vorigen Jahrhunderts geschriebenen Buch »Die Antiquiertheit des Menschen« hat der Philosoph Günther Anders – einer der scharfsinnigsten Kritiker der technischen Zivilisation – darauf aufmerksam gemacht, dass das Bild und seine Reproduktion nicht nur ein zentrales Phänomen der modernen Gesellschaft darstellen, sondern er hat auch eine Erklärung dafür versucht, warum wir alles, vor allem aber uns selbst im Bild festhalten wollen. Im Bild, so Anders, versuchen wir, der »Malaise unserer Einzigartigkeit« zu entgehen.[4] Anders als die technischen Dinge, mit denen wir unser Leben teilen, und deren Kennzeichen darin besteht, dass sie seriell hergestellt werden, erlebt sich der Mensch als zufällig, kontingent und einmalig – und empfindet dies als Makel.

Das Soziale erschöpft sich in der reduzierten Kommunikation über die Flut der Bilder. Günther Anders nannte dieses Phänomen »Ikonomanie« – eine manische Bildsucht, die Wirklichkeit in ihrem Abbild aufzuheben, von allem und vor allem von sich Kopien herzustellen.[5] Akzeptiert man auch die autoerotische Komponente, die seit Narziss den Blick auf das Selbst im Bild konnotiert, ließe sich das Selfie auch als eine neue Form bildgesteuerter, erotischer Selbstbezüglichkeit deuten, die man Ikononanie nennen könnte. Aber diese Ikononanie ist kein »einsames Laster«. Sie ist gekennzeichnet von einer exhibitionistischen Haltung, die stillschweigend den anderen nicht als Beteiligten, wohl aber als Voyeur voraussetzt. Dass in den sozialen Netzwerken natürlich auch schon Selfies kursieren, die nicht Gesichter, sondern Körper- und Geschlechtsteile zeigen, bestätigt dies auf eine drastische Weise.

Der vielgescholtene Egoismus, der sich in der Inflation der Selfies ausdrücken könnte, erweist sich bei genauem Hinsehen als das Gegenteil eines gelebten Individualismus: Selbst sein, ja! Aber nur nicht einmal, nur nicht in einem Hier und Jetzt, sondern als Abbild, wieder und immer wieder. Jedes Foto bestätigt mich in der Möglichkeit meiner Wiederholbarkeit, damit in meiner Omnipräsenz. Deshalb stört es an den Selfies auch nicht, dass sie sich alle nicht nur aus technischen Gründen ähneln – die Armlänge als für alle geltende Distanz zwischen Objekt und Kamera markiert trotz des lächerlichen Selfie-Stabs ihr ästhetisches Prinzip –, sondern austauschbare alltägliche und banale Situationen festhalten. Im Gegensatz zu den digital bearbeiteten und geschönten Fotos, die der Werbung und Repräsentation dienen, lebt das Selfie auch von der Unzulänglichkeit des Augenblicks. Hilflose Posen, die dümmlich gespitzten Lippen, der Arm, der die Kamera hält und als Schatten ins Bild ragt, schräge Blicke, breites Grinsen, Anzeichen der Trunkenheit und hängende Zungen: Alles ist möglich.

Geht es also nur um einen Akt piktoraler Autoerotik? Nein, es geht um mehr. Der gelebte Augenblick muss festgehalten werden, mein gelebter Augenblick muss festgehalten werden, ich muss mich festhalten. Am besten, jemand fotografiert mich dabei, wie ich mich selbst fotografiere. Die berühmtesten Selfies sind keine Selfies, sondern Bilder von Menschen, die gerade ein Selfie machen. Dass dieses festgehaltene Ich anderen Menschen gezeigt wird, von diesen akklamiert werden soll, bestätigt die Existenz in der Reproduktion. Es gehört in der Tat viel Selbstbewusstsein oder viel Verzweiflung dazu, ernsthaft anzunehmen, dass die soziale Welt, in der ich lebe, nichts anderes zu tun hat, als mein unzählige Male zum Bild geronnenes banales Ich zu bestaunen. Angesichts dieses ikonomanischen Imperativs – »Schau auf mein Bild!« – war Narziss eigentlich von nahezu tragischer Bescheidenheit. Er verwehrte den anderen seinen Anblick. Sein Bild war in einem radikalen Sinn wirklich nur sein Bild. Und er konnte sein Bild nicht haben ohne sich, es war nicht ablösbar von seiner Präsenz.

Mein Bild aber – nicht ich! – geht um die Welt und soll von allen wahrgenommen und bewertet werden. Das aber kann auch sehr beruhigend sein. Denn eines muss uns bewusst sein: Jedes Bild ist auch ein Akt der Distanzierung, jedes Bild von mir erlaubt es, von mir als Person abzulenken, jedes Bild stellt auch eine Entlastung dar: Ich muss mich selbst nicht mehr zeigen, mein Bild ist schon da. Ich bin anwesend und abwesend zugleich. Denn wo mein Bild ist, da bin doch auch ich. Niemand kann mir entgehen!

TAUSEND HÄNDE

Über Fingerfertigkeiten
aller Art

Im Frühsommer des Jahres 1971 maturierte der Autor dieser Zeilen am Peraugymnasium in Villach. Das Thema der schriftlichen Klausur aus Deutsch, das er sich zur Bearbeitung gewählt hatte, ist bis heute in seinem Gedächtnis geblieben: »Daß sich das größte Werke vollende, genügt ein Geist für tausend Hände (Goethe, Faust II)«. Darüber also galt es damals nachzudenken, ohne Hilfsmittel, ohne Zusatztexte, ohne Erläuterungen, ohne Arbeitsaufträge, ohne Vorgabe einer Schreibsituation, ohne Hinweis auf eine zu wählende Textsorte. Angesichts der aktuellen Aufgabenstellungen kompetenzorientierter Reifeprüfungen, die alle diese Vorgaben enthalten und deshalb auch mehrere Dutzend Seiten umfassen können, mutet dieser einfache Vers Goethes als Thema einer schriftlichen Maturaarbeit geradezu steinzeitlich an. Und dennoch, es wurde damals, drei Jahre nach 1968, eine kleine Abhandlung über den Widerspruch von geistiger und körperlicher Arbeit, von Hand- und Kopfarbeit, von den Phantasmen des Einzelnen und der Tätigkeit der vielen. Beeinflusst vom Neomarxismus jener Tage, wandte sich der Kandidat kritisch gegen diese Hybris, dass es einzig auf den Geist, die Idee, das Konzept, den Kopf ankomme und die Realisierung durch Tausende von Händen eigentlich eine vernachlässigbare Größe sei. Obwohl er wusste, dass er einmal von der Arbeit seines Kopfes leben wollte, verteidigte der Maturant die Würde der körperlichen Arbeit.

Erst später, als er sich im Laufe seines Studiums intensiver mit dem zweiten Teil von Goethes »Faust« beschäftigte, erkannte er, wie sehr Goethe selbst diese Verklärung des Geistes schon ironisch verabschiedet hatte. Wir erinnern uns: Faust spricht diese Worte am Ende seiner Laufbahn, erblindet, möchte er seine kühne Vision, dem Meer Land abzuringen und das Küstenland zu kolonisieren, verwirklichen, um darin seinen »höchsten Augenblick« zu genießen:

> *Faust*
> Die Nacht scheint tiefer tief hereinzudringen,
> Allein im Innern leuchtet helles Licht;
> Was ich gedacht, ich eil' es zu vollbringen;
> Des Herren Wort, es gibt allein Gewicht.
> Vom Lager auf, ihr Knechte! Mann für Mann!
> Laßt glücklich schauen, was ich kühn ersann.
> Ergreift das Werkzeug, Schaufel rührt und Spaten!
> Das Abgesteckte muß sogleich geraten.
> Auf strenges Ordnen, raschen Fleiß
> Erfolgt der allerschönste Preis;
> Daß sich das größte Werk vollende,
> Genügt *ein* Geist für tausend Hände.

Darauf antwortet Mephisto, der die bestellten Arbeitskräfte zur Realisierung dieses großen Plans bereitzustellen hatte:

Mephistopheles
Herbei, herbei! Herein, herein!
Ihr schlotternden Lemuren,
Aus Bändern, Sehnen und Gebein
Geflickte Halbnaturen.

Doch diese Arbeitskräfte, diese Lemuren, diese geflickten »Halbnaturen«, Vorboten der modernen Cyborgs, diese »tausend Hände« bauen keine Dämme, sondern schaufeln Fausts Grab.[1] So kann man sich irren.

Tausend Hände also. Kein Organ des menschlichen Körpers hat solch eine ambivalente Bedeutung wie die Hand. Der Kopf nicht, die Beine nicht, die Geschlechtsorgane nicht. Diese sind eindeutig definiert, nicht so die Hand. In der Evolution des Menschen spielt die Hand eine herausragende Rolle. Der aufrechte Gang ermöglichte die Entwicklung der vorderen Gliedmaßen zu einer Greifhand, die nun vielfältige Aufgaben übernehmen konnte. Vom Griff nach den ersten Steinen über das Herstellen der Werkzeuge bis zu deren Gebrauch, von neuen Formen der Kommunikation bis zur Erzeugung von Kunst, von der virtuosen Beherrschung eines Instruments bis zur Präzision eines Uhrmachermeisters, von Zärtlichkeiten unterschiedlicher Intensität bis zur gewaltsamen Tötung von Tier und Mensch: Alles war Handarbeit.

Die Hände waren die Organe, die den Menschen freisetzten und die Beherrschung der Natur ermöglichten. Und bis zur Erfindung der Maschine können auch die meisten Werkzeuge als Fortsetzung der Hand mit anderen Mitteln beschrieben werden, die dann auch mit der Hand geführt werden müssen: das Handwerk. Der Nimbus, der das Handwerk bis heute umgibt, und von dem auch die Produktkennzeichnung *hand-*

made bis heute zehrt, gründet im Vertrauen auf die Fähigkeiten der Hände, die genau, präzise, verlässlich, aber auch individuell zu arbeiten verstehen. *Poesis*, das griechische Wort für Herstellen, das schon Aristoteles stark machte, um diese Form der Tätigkeit vom stumpfsinnigen Arbeiten einerseits und dem Handeln in einem sozialen Sinn andererseits zu unterscheiden, enthält einen weiteren zentralen Aspekt der handwerklichen Handarbeit. Die Hände fungieren nicht nur als Werkzeuge, sondern ihre Beschaffenheit, ihre Geschicklichkeit erlaubt es erst, eine Idee ins Werk zu setzen, etwas hervorzubringen, was ohne das Werk der Hände ein Ding der Unmöglichkeit wäre.

Der Künstler, der Poet, ist bis heute diesem Modell des Herstellens verpflichtet. Die berühmte Frage, die Lessing in seiner »Emilia Galotti« den Maler Conti stellen lässt, ob Raffael ohne Hände nicht ein ebenso großer Künstler gewesen wäre, erweist sich rasch als etwas wohlfeile Entschuldigung dieses Malers dafür, dass seine Hände nicht imstande sind, das auf die Leinwand zu bannen, was er angeblich im Kopf oder im Herzen hat.[2] Die Unzulänglichkeit der Hände ist kein Argument gegen ihre Bedeutsamkeit im künstlerischen Prozess. Und dort, wo die Hände tatsächlich fehlen, müssen sie – wie die oft beeindruckenden Beispiele der fuß- und mundmalenden Künstler zeigen – durch andere Körperteile oder technische Hilfsmittel so gut es geht substituiert werden. Alle Konzeptkunst muss deshalb ihren prinzipiell defizitären Charakter gegenüber jeder Form der materiellen Verwirklichung von Ideen aufwendig und mit großem Aufwand verteidigen. Ihre asketische Haltung gegenüber dem Werk der Hände versteht sich nicht von selbst und ist auch nicht einfach einsichtig zu machen. Solange Kunst im Sinne Hegels als das Scheinen und Erscheinen einer Idee im Medium der Sinnlichkeit verstanden wird, wird dieses

Medium weiterhin, zumindest von Fall zu Fall, von der Gestaltungskraft und den Möglichkeiten der Hand und damit vom zur Erscheinung gebrachten Werk zehren.

Es ist die Einheit von Idee und Wirklichkeit, von Kopf und Hand, die dieses künstlerische Hervorbringen erlaubt, und die Hand gehorcht nicht nur dem Kopf, sondern ihre Möglichkeiten beeinflussen wesentlich das Produkt. Durch das Werkzeug, das die Hand führt – ein Pinsel, ein Hobel, ein Hammer, eine Zange –, ist sie aber auch von der Materie getrennt, die bearbeitet werden soll. Dadurch tritt die Hand in ein besonderes Verhältnis zu ihrem Objekt. Die Hand führt das Werkzeug als ihre Verlängerung, und das Werkzeug orientiert sich an der Materie, die es zu verändern gilt. Die Hand verhält sich ihrem Material gegenüber mimetisch, anschmiegsam, um nicht zu sagen einfühlsam, das Verhältnis des Tischlers zu Holz, des Schusters zu Leder, des Schneiders zu einem Gewebe ist ein anderes als das des Arbeiters, der eine holz- oder lederverarbeitende Maschinerie steuert und beaufsichtigt. Und nicht zuletzt: In der Handarbeit werden die Dauer der Aktivität, der Rhythmus der Tätigkeit und ihre Intensität nicht durch den Antrieb einer Maschine, sondern durch die Belastbarkeit der Hand selbst vorgegeben. Wenn diese ermüdet, muss das Werkzeug zur Seite gelegt werden. Die Arbeit der Hand generiert eine andere Zeitordnung, andere Belastungszyklen als der nie endende Lauf einer Maschinerie.

Der amerikanische Soziologe Richard Sennett hat versucht, diesen Eigentümlichkeiten des Handwerks auch im Zeitalter der Industrialisierung und Digitalisierung einen besonderen Stellenwert einzuräumen und die »Werkstatt« als Ort nicht entfremdeter Arbeit zu reetablieren, was zwar nicht ohne Romantik geht, aber dennoch darauf aufmerksam macht, dass ein durch die Hand vermitteltes Verhältnis zur Welt sich von den distanzierenden Technologien des Maschinenzeitalters deutlich unterscheidet.[3] In einem ähnlichen Sinne konnte der Philosoph Peter Bieri dann auch vom »Handwerk der Freiheit« sprechen – letztlich sind es die Ausführungen der Hände, die diese Freiheit realisieren und dokumentieren.[4]

Die Hände waren aber von allem Anfang an nicht nur das Medium, das zwischen dem herstellenden Menschen und der Materie vermittelte, sondern auch die entscheidenden Instrumente der Kommunikation. Aufrecht gehend stehen sich Menschen gegenüber, ob friedlich oder feindlich: Das zeigen die Hände. Offen und erhoben, geballt oder versteckt, drohend oder verachtend, einladend oder lockend – alles eine Sache der Hände. Und wer den Menschen seiner Freiheit berauben will, muss in erster Linie seine Hände beherrschen: Hände hoch! – das Gesetz des Wilden Westens – und die gefesselten Hände aller Gefangenen dieser Erde zeugen bis heute davon. Der Handschlag, in vielen Kulturen ein Zeichen der Begrüßung, sollte zeigen: Die Hand ist unbewaffnet. Der Händedruck allerdings, der dabei geübt wird, enthält in sich ein ganzes Repertoire an unterschiedlichen Bedeutungen. Die schlaffe Hand, die Ignoranz und Überheblichkeit signalisiert; das geradezu schmerzhafte Zugreifen, das einen unübersehbaren Dominanzanspruch verkündet; die feuchte Hand, die Angst und Aufregung spüren lässt; die schleimige Hand, die falsche Unterwürfigkeit vermittelt; und der verweigerte Handschlag, Ausdruck der Verachtung, der einer Beleidigung gleichkommt. Die Gebärdensprache schließlich zeigt, dass allein das Spiel der Hände imstande ist, eine komplexe Form sprachlicher Kommunikation zu gestalten.

Das kommunikative Spiel der Hände kennt aber auch noch

zahlreiche andere Varianten. Drohend erhobene Zeigefinger und obszöne Gesten dienen im Straßenverkehr schon einmal als eindeutige Botschaften, beredt auch die Sprache der Hände von Sportlern, die diese nach der Zielankunft verzweifelt über dem Kopf zusammenschlagen oder triumphierend in die Höhe recken, und was wäre die politische Rhetorik der Moderne ohne die offene Hand am ausgestreckten Arm, mit dem die Faschisten grüßten, ohne das Victory-Zeichen Winston Churchills oder ohne die geballte Faust der kommunistischen Bewegungen. Überhaupt: Dass eine Hand geöffnet oder zu einer Faust geballt werden kann, verleiht dieser eine besondere Bedeutung. Die Faust, die nach oben fährt oder sich trommelnd an die Brust schlägt, demonstriert Kraft und Selbstbewusstsein, und von da ist es nur ein kleiner Schritt zu jener Faust, die zur Waffe wird und es den Menschen ermöglicht, mit nichts als seiner Hand einen anderen zu verletzen, gar niederzuwerfen. Der Nimbus von Karl Mays unbezwinglichem *alter ego* Old Shatterhand verdankt sich dem Mythos der geballten Faust, die, an die Schläfe des Gegners geknallt, diesen in das Reich der Träume schickt. Die Faust verweist aber noch auf etwas anderes: Sie verbirgt die Möglichkeiten der Finger, reduziert die Hand auf ein Schlaginstrument oder den Ausdruck ohnmächtigen Zorns, wenn die Fäuste im Verborgenen gehalten werden müssen. Die Faust wird als Zeichen einer wie auch immer motivierten Form der Gewaltbereitschaft gedeutet werden. Eine Faust ist keine Friedensgeste, gleichgültig, wer die Fäuste ballt.

Die Hände sind keine Pfoten mehr; die Feingliedrigkeit der Finger ermöglicht das, was allein dem Menschen zukommt: Geschicklichkeit und Virtuosität. Die bis heute bei manchem Handwerk bewunderte Feinarbeit erinnert daran. Es ist das

Spiel der Hände und der Finger, ihre unglaubliche Beweglichkeit und vielfältige Einsatzmöglichkeit, die ganz wesentlich unseren Begriff von Virtuosität geprägt hat. Es ist die Herrschaft der Hand über einen Gegenstand, die diese Virtuosität kennzeichnet. Das trifft auf den Jongleur oder den Zauberer ebenso zu wie auf den Pianisten oder Chirurgen, aber auch auf den Masseur und den Liebhaber. Natürlich kann man dann auch im übertragenen Sinn zum Beispiel mit Worten jonglieren oder virtuos mit den Gefühlen seiner Mitmenschen spielen, aber die Basis dieser Metaphorik bleibt die Fingerfertigkeit der Hand. In der Arbeit des Dirigenten, der durch eine kleine Bewegung seiner Hand einem Orchester seine Deutung einer Komposition zu vermitteln vermag, verdeutlicht sich die kommunikativ-gestische Möglichkeit der Hand. Es ist letztlich das Zeigen, der Verweis und der Hinweis, die Angabe einer Steigerung, eines Tempos oder einer Verzögerung, die allein durch knappe Bewegungen der Hände ausgedrückt werden kann, und so wie der Maestro sein Orchester kann dann auch der Kapitän einer Fußballmannschaft seine Mitspieler durch entsprechende Gesten dirigieren. Wer ein Instrument oder ein Werkzeug vollkommen beherrscht – ob Violine oder Schmiedehammer, Skalpell oder Pinsel, Zange oder Feder –, arbeitet mit an dieser Errungenschaft des Menschen, der es versteht, allem seine Handschrift aufzuprägen.

Handschrift: Die Hände waren und sind der erste sichtbare Ausdruck von Individualität. Dabei geht es nicht nur um die moderne Erkenntnis der Unverwechselbarkeit von Fingerabdrücken, wie sie in jedem EU-Pass dokumentiert ist. Die Handschrift eines Menschen, die Art und Weise, wie er schreibt und unterschreibt, die Signatur ist im unmittelbaren und übertragenen Sinn die Abbreviatur einer komplexen Persönlichkeit. Vor allem in der bildenden Kunst stellte sich spätestens nach der Entdeckung des romantischen Künstlersubjekts und der damit verbundenen Forderung nach Originalität die Frage nach der Hand, der sich ein Werk verdankt. Die Unterscheidung der Hände, etwa zwischen Meister und Schüler oder zwischen dem Künstler und seiner Werkstatt, gehört dann auch zu einem Kunstbegriff, der in der Kunst selbst den Ausdruck der Individualität des Künstlers sieht, der sich nicht zuletzt in der Eigenart und Eigenwilligkeit seiner Handschrift niederschlägt. Die oft auch gesuchte Art und Weise, in der ein Künstler zu arbeiten pflegt, seine *Manier*, wurzelt etymologisch dann auch folgerichtig in *manus*, der Hand. Inwiefern dort, wo der Künstler selbst nicht mehr Hand anlegt, sondern wie etwa bei zeitgenössischer Installationskunst die Ausarbeitung seiner Ideen an Manufakturen und Industriebetriebe delegiert werden muss, noch von einer Handschrift gesprochen werden kann, ist mehr als fraglich. Natürlich könnte man in einem übertragenen Sinn davon sprechen, dass die Handschrift des Künstlers durch entsprechende Fertigungsanlagen oder die ausführenden Akteure realisiert wird, aber dies illustriert noch einmal das prekäre Verhältnis von Idee und ihrer Realisation unter Bedingungen, die einerseits die modernen Produktions- und Reproduktionstechnologien kennen, andererseits aber auf den Status des künstlerischen Subjekts nicht verzichten wollen. Die Idee von Meisterschaft ist deshalb nicht zu trennen von einer zu einer gewissen Vollendung gebrachten Tätigkeit und Funktionalität der Hände.

Die Handschrift als metaphorischer Begriff, der auf eine individuelle und durch eine Individualität charakterisierte Urheberschaft verweist, lässt sich auch in einem weit über den ästhetischen Bereich hinausgehenden Sinn verwenden. So kann man durchaus davon sprechen, dass etwa politische oder ökonomische Entscheidungen die Handschrift eines Menschen tragen, dass die Spuren, die ein Einbrecher hinterlässt, eine gewisse Handschrift verraten, ja, sogar bei einem Serienkiller lässt sich noch von einer Handschrift sprechen – nicht jedoch bei einem industriell fabrizierten Massenmord. Das, was Hände im Guten wie im Schlechten imstande sind zu gestalten, das, was mit Händen in der Wirklichkeit an Spuren hinterlassen werden kann, das, was Hände hervorzubringen vermögen – von den ersten primitiven Skulpturen bis zu den Wunderwerken der Mechanik –, ist so immer an die Idee von Subjektivität gebunden. Der persönliche Stil, der eine bestimmte Art des Schreibens, des Komponierens, der Kleidung kennzeichnen kann, leitet sich dann auch von jenem *stilus*, jenem Griffel ab, mit dem die Hand ursprünglich Schriftzeichen in einen Stein ritzte.

Kein Menschsein, keine Kultur, keine Technik, keine Wissenschaft, keine Kunst und keine Heilkunst also ohne die Arbeit der Hand.[5] Gleichzeitig stand die Hand von Anfang an in einem Spannungsfeld zum Kopf, auch wenn oder gerade weil sich Bewusstsein, Sprache, Geist und Reflexionsvermögen wahrscheinlich ohne die Möglichkeiten der Hand so nicht entwickelt hätten. Es gibt die noch immer brisante These des französischen Paläoanthropologen André Leroi-Gourhan, nach der sich Hand und Wort, also Handwerk und Sprache, wechselseitig bedingen und das Freispielen der Hand den Geist zur Entfaltung trieb, was umgekehrt allerdings wieder die Hand zurückdrängte: »Am Anfang war die Hand eine Zange zum Festhalten von Steinen, der Triumph des Menschen hat sie zur immer geschickteren Dienerin seiner Produktionsvorstellungen gemacht.«[6] Technik, die in ihrer antiken Wurzel *techné* noch die Geschicklichkeit und Kunstfertigkeit enthielt, bedeutete dann allerdings, die Handarbeit zurückzudrängen und durch Maschinen, die nun an die Stelle der von der Hand geführten Werkzeuge treten, zu ersetzen. Das erklärt übrigens auch, warum das vielzitierte Messer, mit dem man Brot schneiden oder morden kann, nicht als Metapher für den Einsatz von Maschinen taugt: Diese sind, im Gegensatz zu jedem Werkzeug, von keiner Hand mehr abhängig, sondern gehorchen einer eigenen Logik.

Der Kopf will also die Hand depotenzieren, zurückdrängen, überflüssig machen. Zuerst kommandiert der Kopf die Hand, Handarbeit wird damit ab-, Kopfarbeit aufgewertet, dann wird die Hand selbst in ihren Möglichkeiten reduziert. Unzählige technische Geräte verbessern und ersetzen den Spielraum der Hand, und heute geht es bekanntlich um Bildung, nicht um Geschicklichkeit, die Arbeit der Zukunft ist Wissensarbeit ohne Hände, und die technische Utopie unserer Tage besteht darin, unsere Geräte *hands-free* durch gesprochene Befehle zu kommandieren: Telefonieren, Auto fahren, im Internet surfen, schreiben, operieren, Krieg führen – dazu braucht man heute keine Hände mehr. Die nach dem Vorbild von Finnland immer wieder erhobene Forderung nach Abschaffung der individuellen Schreibschrift und deren Ersetzung durch die Bedienung einer Tastatur, die auch akustisch erfolgen kann, bedeutet mehr als nur eine zweifelhafte schreibdidaktische Innovation. Hier wird davon Abschied genommen, dass sich das, was ein Mensch in unterschiedlichster Weise zum Ausdruck und hervorbringen wollte, über Jahrtausende hindurch ganz wesentlich den Möglichkeiten seiner Hand verdankte.

In einer modernen, digitalisierten Welt haben die Hände,

so könnte man zugespitzt formulieren, nichts mehr zu tun. Einerseits mag der Fluch, der die Handarbeit immer auch begleitet hat, damit gebannt sein. Andererseits ist fast alles, was mit dieser Tätigkeit der Hände auch verbunden war – Individualität, Kreativität, Originalität –, ebenfalls in höchstem Maße fraglich geworden. Oder, um noch einmal Leroi-Gourhan zu zitieren: »Es wäre nicht sonderlich wichtig, daß die Bedeutung der Hand, dieses Schicksalsorgans, abnimmt, wenn nicht alles darauf hindeutete, daß ihre Tätigkeit eng mit dem Gleichgewicht der Hirnregionen verbunden ist, die mit ihr im Zusammenhang stehen [...] Mit seinen Händen nicht denken können, bedeutet einen Teil seines normalen und phylogenetisch menschlichen Denkens verlieren.«[7]

Welches Schicksal ist unter diesen Bedingungen unseren zunehmend funktionslos gewordenen Händen zugedacht? Und was bedeutet dies für unseren Kopf, der sich einbildet, alles denken zu können, aber nichts mehr mit eigener Hand bewerkstelligen muss? Ganz ohne Hände geht es auch heute nicht. Aber die Hand muss andere Funktionen übernehmen. In erster Linie fungiert sie als Halterung für Smartphones. Je größer und unförmiger diese Geräte wieder werden, desto mehr sind sie auf eine Hand angewiesen, die sie hält. Das Erscheinungsbild des Menschen im öffentlichen Raum oder in öffentlichen Verkehrsmitteln ist durch diese spezifische Handhaltung geprägt: das Smartphone, das in Blicknähe gehalten werden muss. Aber auch die Hand, die das Gerät nicht hält, bekommt eine neue Funktion: tippen und wischen. Dass man es auch bei diesen Tätigkeiten zu einer gewissen Virtuosität bringen kann, lässt sich täglich beobachten. Wenn die These des Philosophen Günther Anders stimmt, dass unsere Sitten und Normen von der Logik der Geräte geprägt werden, die wir benutzen, dann entscheiden diese Fingerfertigkeiten und Gesten, mit denen wir moderne Kommunikationsgeräte benutzen, auch über die Art unsere Kommunikation selbst: antippen und wegwischen; anschauen und wegwischen; lesen und wegwischen; anhören und wegwischen. Flüchtiger kommunizierte noch kein Zeitalter als das unsere.

Das Aufrufen von Kommunikationen und Informationen aller Art geht dann genauso leicht von der Hand wie das Verschwindenlassen derselben. Die Leichtigkeit der Berührung, die ein Touchscreen erfordert, verändert unsere durch die Hand vermittelte Einstellung zur Welt; während ein Werkzeug neben Geschicklichkeit auch Kraft erforderte und jede Handarbeit auch physisch ermüdend war, während jede Virtuosität Konzentration, Übung und Disziplin zur Voraussetzung hatte, dominiert in dieser Bedienungskultur das Ephemere und Leichtgängige. Alles ist da, alles ist gleich wieder weg, und dazwischen liegt nur eine kleine Bewegung mit dem Daumen oder einem Finger. Der Philosoph Michel Serres hat in seiner »Liebeserklärung an die vernetzte Generation« die mit ihren Smartphones aufgewachsenen Kinder und Jugendlichen die »Kleinen Däumlinge« genannt. Dass alles nun mit einem sanften Druck des Daumens und einer Wischbewegung eines Fingers aufgerufen, erledigt und beseitigt werden kann, interpretiert Serres als eine epochale Befreiung des Körpers: »Die Kleinen Däumlinge, die Gefangenen von einst, befreien sich von den Ketten, die sie in der jahrtausendealten Höhle auf ihren Sitzen gehalten hatten, still und stumm, mit festgewachsenen Hintern und versiegelten Lippen.«[8] Nun brechen sie auf, die jungen Menschen, alles ist Bewegung, Mobilität, alles Wissen tragen sie bei sich, mit aller Welt sind sie vernetzt. Aber auch das bisschen, das die Daumen der Kleinen Däumlinge noch zu tun haben – drücken und wischen –, wird bald überflüssig sein. Die Datenbrille lockt und mit ihr das Versprechen, jeden Akt der Recherche und Kommunikation durch gesprochene Befehle direkt am Auge erledigen zu können, ohne jede Bewegung einer Hand oder eines Fingers.

Was, so muss man fragen, machen aber die Daumen, die Finger, die Hände, die Fäuste dann, wenn sie wirklich nichts mehr zu tun haben? Sie machen das, was sie immer getan haben, jetzt aber nicht mehr tun müssen: kneten, formen, greifen, drücken, schlagen, spielen. Das Handwerk boomt, und unter Jugendlichen gilt es angeblich zurzeit als besonders chic, sich eine mechanische Schreibmaschine zuzulegen. Auch das nun wieder in Mode gekommene Auflegen einer Schallplatte aus Vinyl und das Absenken des Tonarms eines Plattenspielers erfordert mehr Feingefühl und Fingerfertigkeit als das Antippen einer Musikdatei. Und irgendwann wird dann auch wieder die Stunde der Füllfeder schlagen. Es liegt nicht im Wesen der Hand, nichts zu tun. Freigespielt von den Notwendigkeiten des Daseins, werden die Hände sich vielleicht zu neuen Formen der aktiven Freiheit und der tätigen Selbstbestimmung erheben – oder aber sie werden verkümmern und zu lästigen, hässlichen und überflüssigen Anhängseln einer digital vernetzten Biomaschine regredieren.

WISSENSCHAFT IST
KEINE KUNST!

Eine Grenzziehung

Kunst und Wissenschaft haben zumindest eines gemeinsam: Sie werden gerne in einem Atemzug genannt. Dieser Atemzug hat Tradition, und was über die Wissenschaften gesagt wird, trifft dann auch die Künste und *vice versa*. Ein Beispiel? Als im Jahre 1749 die Akademie von Dijon die Preisfrage stellte: »Hat die Wiederherstellung der Wissenschaften und Künste dazu beigetragen, die Sitten zu reinigen?«, hatte der damals noch junge und unbekannte Jean-Jacques Rousseau die kecke Idee, diese Frage mit einem glatten Nein zu beantworten. Und das Besondere daran: Er gewann diesen Preis. Das ist ungefähr so, wie wenn heute jemand die Frage, ob die Wissenschaften und Künste die Wettbewerbsfähigkeit eines Landes steigern, mit einem ebenso glatten Nein beantwortete und daraufhin vom Wissenschafts- und Kunstministerium gleichermaßen geehrt würde. Natürlich könnte man sagen, für die Künste mag dieses Nein wohl zutreffen, nicht aber für die Wissenschaften, oder umgekehrt. Aber das Interessante besteht eben in diesem gemeinsamen Atemzug: beide oder keine.

Beide oder keine? Seit wann und warum treten Wissenschaften und Künste gemeinsam auf? Und gab es nicht doch auch Zeiten des Zerwürfnisses, der Konkurrenz und der wechselseitigen Aberkennung der Fähigkeit, etwas zur Verbesserung des Menschengeschlechts beitragen zu können? Doch, natürlich gab es diese Zeiten, und auch noch manche andere, und einiges ist daran bis heute ziemlich bemerkenswert. So könnte man die Geschichte der Künste und Wissenschaften seit dem Mittelalter mit folgenden Paradoxien beschreiben: Als die Wissenschaften noch Künste waren, gab es keine Kunst. Als die Künste entstanden, waren sie Wissenschaften. Und als sich endlich die Wissenschaften als Wissenschaften und die Künste als Künste begriffen, nährte dies nur den Verdacht oder auch den Wunsch, dass die Wissenschaften eigentlich Künste und die Künste letztlich doch Wissenschaften seien. Wie das?

Zur Erinnerung: Die modernen Wissenschaften waren aus der mittelalterlichen *Artistenfakultät* hervorgegangen, an denen die seit der Spätantike praktizierten *septem artes liberales*, die *sieben freien Künste* gelehrt worden waren: Grammatik, Rhetorik, Dialektik (Trivium), Arithmetik, Geometrie, Musik und Astronomie (Quadrivium). Frei waren diese Künste im Gegensatz zu den an anderen Orten geübten *artes mechanicae* oder *artes vulgares*, den praktischen Künsten, gewesen, ebenfalls sieben an der Zahl: Webekunst, Waffenschmiedekunst, Bauhandwerk (also Steinmetze und Maurer), Schifffahrt, Jagd, Heilkunst, Schauspielkunst. Diese Künste galten aus zwei Gründen als unfrei: einmal, weil derjenige, der sie ausübte, bestimmten Notwendigkeiten unterlag, er musste Rücksicht nehmen auf Materialbeschaffenheit und Naturgegebenheiten, zum anderen aber, weil im Gegensatz zu den freien Künsten auch sozial Unfreie diese praktischen Tätigkeiten durchführen konnten. Die *schönen Künste* allerdings, also das, was wir heute unter Kunst im Sinne einer ästhetisch-kulturellen Praxis verstehen, haben sich überhaupt erst im 18. Jahrhundert aus den *artes mechanicae* entwickelt und von diesen emanzipiert: Malkunst, Bildhauerei, Tanzkunst, Musik, Poesie, Architektur und Rhetorik. Als der französische Ästhetiker Charles Batteux um 1750 diese Einteilung der schönen Künste, der »beaux-arts« vornahm, nannte er seine theoretisch-reflexive Beschäftigung mit der Kunst eine »schöne Wissenschaft«. Aus diesen »schönen Wissenschaften«, den *belles-lettres*, haben sich allerdings etymologisch dann nicht die Kunst- und Geisteswissenschaften entwickelt, sondern die Belletristik: die schöne Literatur, im Gegensatz zur wissenschaftlichen Literatur, wie sie an der Universität gelehrt wurde, die ja als *universitas litterarum* die Gesamtheit der – schriftlich ausdrückbaren und fixierbaren – Wissenschaften repräsentieren sollte.

Freie Künste, mechanische Künste, schöne Künste. Ursprünglich war alles Kunst, und noch das lateinische *ars* bündelte in sich mehrere Bedeutungen: das Wissen und die Technik, die Fertigkeit und das Schöne, die Kunst und die Wissenschaft. Die Künste, die *artes*, waren der Oberbegriff, und dass wir dies nicht vergessen, dafür sorgt der sogenannte Bologna-Prozess, also die aktuelle Neuordnung des europäischen Hochschulwesens. Dass im Zuge dieser Reform nun alle geistes- und kulturwissenschaftlichen Studien mit einem Bachelor of Arts oder Master of Arts abgeschlossen werden, hat weniger damit zu tun, dass diese Wissenschaftler nun schöne Literatur produzieren, sondern dies stellt eine nur wenigen Menschen bewusste Reminiszenz an die *artes liberales* als historische Grundlage dieser Studien dar. Die wirklichen Künstler, die Absolventen einer Kunstuniversität, werden deshalb mancherorts zu Masters of Fine Arts graduiert.

Einen letzten Höhepunkt erlebte die Einheit von Kunst und Wissenschaft im Typus des Renaissancekünstlers, der –

wie Leonardo oder Michelangelo – sich selbst als ein gottgleiches hervorbringendes, schaffendes Wesen sah, für das Wissen und Kreativität, Phantasie und Technik, Theorie und Praxis tatsächlich noch eine Einheit bilden konnten. Spätestens seit dem 17. Jahrhundert findet aber ein Differenzierungsprozess statt, der die Wissenschaften auf Wahrheit, die Künste aber auf Schönheit verpflichtete, ohne dass die alte metaphysische Formel von der Einheit des Wahren und Schönen (und Guten) noch aufrechterhalten werden konnte.

Dieser Prozess kann nicht rückgängig gemacht werden, er hat sich aber auch nicht vollständig durchführen lassen. Kunst und Wissenschaft stehen seitdem in einem Spannungsverhältnis, das am fruchtbarsten dann ist, wenn sich diese Disziplinen wechselseitig beobachten und durchdringen und dabei die Erfahrung machen, wie viel vom anderen sie selbst noch immer enthalten. Es ist kein Geheimnis, in welch hohem Maße ästhetischen Kriterien wie Schönheit, Eleganz, Symmetrie, Geschlossenheit, Vollständigkeit, aber auch Fiktionalität – man denke an Gedankenexperimente und Science-Fiction – auch in den Formal- und Naturwissenschaften entscheidende Bedeutung zukommt. Und es ist ebenfalls kein Geheimnis, dass keine historische Wissenschaft ohne narrative Elemente und Strukturen, also ohne das poetische Moment der Erzählung reüssieren kann; und ob die Psychoanalyse Sigmund Freuds große Wissenschaft oder große Literatur oder beides war, darüber lässt sich noch immer trefflich streiten.

Aber es geht auch umgekehrt. Künstlerische Verfahren ähneln oft wissenschaftlichen Vorgangsweisen; Beobachtung, Protokoll und Experiment spielen auch in der Kunst und Literatur eine entscheidende Rolle, die Grenze zwischen Software-Ingenieuren und Computerkünstlern ist fließend, und man kann durchaus der Ansicht sein, dass der große Gesellschaftsroman des 19. Jahrhundert, wie er sich bei Balzac, Flaubert, Dostojewski oder Theodor Fontane, ja noch bei Thomas Mann findet, eigentlich eine großartige und erkenntnisreiche Soziologie darstellt. Würde man allerdings wirklich ernsthaft behaupten, dass sich großangelegte empirische Studien über Entscheidungsverhalten von Topunternehmern in ökonomischen Krisenzeiten durch die Lektüre von – sagen wir einmal – Thomas Manns »Buddenbrooks« ersetzen ließen, wäre nicht nur mit einem Aufschrei der um ihre Drittmittel bangenden Sozialwissenschaftler zu rechnen, sondern man würde dem Gehalt dieses Romans im Ernstfall wohl nicht den Wert einer seriösen wissenschaftlichen Quelle zuerkennen.

Nur der Vollständigkeit halber: Man kann, ja, man muss auch die Künste zum Gegenstand wissenschaftlicher Betrachtung machen. Schon Hegel hatte die Vermutung geäußert, dass die Wissenschaft von der Kunst in einem wissenschaftlichen Zeitalter wichtiger wird als die Kunst selbst. Und man könnte in der grassierenden Sehnsucht nach der Szientifizierung der Künste, ihrer Akademisierung und Verwissenschaftlichung auch eine Bestätigung von Hegels These sehen: Die Kunst als Kunst, als freie Betätigung subjektiver Imaginationskraft, die eine Wahrheit im Medium der Sinnlichkeit zum Erscheinen bringen will, ist am Ende. Als Wissenschaft aber gibt sie womöglich auch das auf, was sie einst zur Kunst machte.

Und wenn wir das Ganze von der anderen Seite betrachten? Was, wenn nicht Kunst wissenschaftlich werden muss, weil die Wissenschaft selbst ohnehin auch nur eine Form von Kunst sei? Und wie könnte dies überhaupt verstanden werden? Was bedeutete es, wenn man radikal die Perspektiven wechselte und die moderne Wissenschaft tatsächlich so betrachtete, als wäre sie eine Kunst? Der aus Österreich stammende, lange in den USA und später auch in der Schweiz lehrende anarchistische Philosoph und Erkenntnistheoretiker Paul Feyerabend hatte dies versucht, und die Konsequenz dieses Versuches war die Einsicht, dass man sich dann für oder gegen eine wissenschaftliche Theorie so zu entscheiden habe wie für oder gegen Punk-Rock. Aus vermeintlichen Wahrheitsfragen werden Geschmacks- und Stilfragen. Nicht das bessere Argument zählte dann, sondern eine ästhetische Präferenz. Unter dieser Perspektive wäre ein Satz wie »Ich lehne die Relativitätstheorie oder die Gesetze der Optik ab, weil sie mir nicht gefallen«, möglich. Es geht und ging übrigens auch umgekehrt. Ob man sich für oder gegen Strawinsky entscheidet, war zum Beispiel für den Philosophen und Ästhetiker Theodor W. Adorno keine Geschmacks-, sondern eine Wahrheitsfrage. Unter dieser Perspektive wiederum wäre ein Satz wie »Ich kann Strawinsky nicht hören, weil dieser falsche Musik komponierte«, durchaus denkbar.

Nebenbei: Es war auch diese Form der Kritik an den Geltungsansprüchen der wissenschaftlichen Vernunft, wie sie von Feyerabend, aber auch den Konstruktivisten vorgetragen wurde, die den Boden bereitete für jene Verabschiedung der Wahrheit, wie sie aktuell unter Titeln wie *Fake-News* oder alternative Fakten verhandelt wird. Den radikalen Erkenntniskritikern war immer wichtig zu betonen, dass die Grenze zwischen Fakten und Fiktionen letztlich willkürlich war, gezogen entweder aus forschungspragmatischen Gründen oder aus machtstrategischen Überlegungen. Die neue Liebe zur Wahrheit der Fakten bei denjenigen, die noch vor kurzem vom Geschlecht bis zur Logik alles für eine soziale Konstruktion hielten, verwundert dann doch einigermaßen.

Mit solch einem Changieren zwischen Kunst und Wissenschaft konnte man also einige Zeit lang verblüffen und provozieren, doch gerät an dieser Stelle etwas durcheinander, dessen man sich schon früher hätte bewusst werden können. Es geht um die von Immanuel Kant klar formulierte Einsicht in die Differenz zwischen der reinen Vernunft, deren Legitimität in der verallgemeinerbaren Kraft ihrer Argumente ruht, und der ästhetischen Urteilskraft, der es um das Beurteilungsvermögen des Schönen geht, das sein Fundament in der sinnlichen Evidenz des subjektiven Geschmacks hat. Wissenschaft überzeugt durch die Plausibilität ihrer Argumente, Kunst beeindruckt durch die Weise ihres Erscheinens. Man kann es auch anders formulieren: Das Leitmedium der Wissenschaft ist auch dann die Wahrheit, wenn diese selbst nur eine Imagination sein sollte, das Leitmedium der Kunst ist auch dann die Schönheit oder die ästhetische Stimmigkeit, wenn Kunst ganz was anderes sein möchte. Wissenschaft ist ein Verfahren, das prinzipiell jedem zum Mit- und Nachvollzug offensteht, Kunst eine Praxis, die untrennbar an die Individualität geknüpft ist. Ästhetische Erfahrungen sind nicht teilbar, Argumentationsschritte sehr wohl. Oder, um es mit aller gebotenen Zweideutigkeit zu sagen: Wissenschaft ist keine Kunst!

Wissenschaft ist keine Kunst. Aber Kunst ist auch keine Forschung. Im Gegensatz zu den Kooperations- und Vernetzungsgeboten der Gegenwart sollte man an dem Spannungsverhältnis von Kunst und Wissenschaft nicht das Gemeinsame, sondern das Trennende betonen, das, was Kunst und Wissenschaft als zutiefst different erfahren müssen. Seit der Romantik hat sich Kunst ganz bewusst und immer wieder in pointierter Form als Konkurrentin und große Gegenspielerin der neuen, modernen wissenschaftlichen Vernunft zu etablieren versucht, und die romantische Sehnsucht, dass die rationale, intellektuelle Erklärung der Welt durch ästhetische Emotionalität wenn nicht widerlegt, dann wenigstens korrigiert und ergänzt werden soll, kommt immer wieder zum Ausbruch. Es war Friedrich Nietzsche, der versucht hatte, die Kunst radikal von jeder Verpflichtung auf Wahrheit oder Moral zu befreien. Kunst, so Nietzsche, lügt immer. Und wir haben die Kunst, damit wir an der Wahrheit nicht zugrunde gehen.

Gerade in diesem Beharren am Imaginären und Fiktionalen, im Willen, etwas, was nicht ist oder nicht gesehen oder gehört werden kann, zum Erscheinen zu bringen, liegt auch, aller Wissenschaftlichkeit unseres Wissens zum Trotz, die Priorität der Kunst gegenüber der Wissenschaft verborgen. Nietzsche ging nämlich von der aufregenden These aus, dass der Wille zum Schein, zur Illusion, zur Täuschung tiefer und ursprünglicher ist als der Wille zur Wahrheit. Der Grund liegt für ihn darin, dass die Lust ursprünglicher ist als der Schmerz. Und Fiktionen, Täuschungen und Imaginationen sind die Quelle einer unbändigen Lust, während die Wahrheit stets als schmerzhafte Erkenntnis erfahren und deshalb nur widerwillig akzeptiert werden kann.

Nietzsche hat damit eine erste präfreudianische Fassung der Opposition von Lustprinzip und Realitätsprinzip formuliert. Aber anders als später bei Freud ist nicht die Sexualität die Quelle der Lust, sondern die Imagination, die Phantasie, die Freiheit, der Wirklichkeit eine eigene Fassung zu geben oder sie überhaupt erst zu erfinden; die Realität aber ist schmerzhaft, und nur was schmerzhaft ist, ist wahr. Eine Wissenschaft, die auf Wahrheit aus wäre, liefe so immer Gefahr, von der Kunst überblendet zu werden. Wahrscheinlich dachte Nietzsche hier weniger an die Naturwissenschaften, wohl aber an alle Versuche, den Menschen, sein Denken, Fühlen und Handeln, seine Geschichte und seine Moral vorurteilsfrei zu begreifen und zu erfassen. Solche Wahrheiten, wenn sie denn erkennbar wären, müssten nach Nietzsche abgewehrt werden, weil sie uns nur als schmerzhafte *facta bruta* entgegentreten könnten, auf die wir immer schon mit dem Entwurf imaginärer Welten reagieren wollen und reagieren müssen. Vielleicht fällt aber auch deshalb den zeitgenössischen Wissenschaften der Verzicht auf die Verpflichtung zur Wahrheit als methodische Maxime so leicht. Die Lust am Schein, an der Illusion und an der Fiktion ist auch hier größer als ein womöglich schmerzhafter Erkenntnisprozess. Deshalb berauscht man sich gerne an einer Rhetorik der Selbsttäuschung und spricht lieber von Effizienz, bibliometrisch ermittelter Exzellenz, Zukunftsinnovationen, Rankings, Leuchttürmen, Drittmitteln und Wettbewerbsvorteilen als von der Wahrheit. Die Künste hätten diesen Strategien gegenüber allemal den Vorteil, dass sie sich den großen Aufwand, der eine umfassende Selbsttäuschung nun einmal mit sich bringt, sparen können: Sie haben es nicht notwendig, ihre Fiktionen als Realität zu behaupten. Dass nun auch Studenten der Kunstuniversitäten Leistungspunkte sammeln müssen, lässt allerdings das Schlimmste befürchten.

Und noch eines: Eine durchaus plausible These besagt, dass der Unterschied zwischen Wissenschaft und Kunst ganz wesentlich in der Differenz von Allgemeinem und Besonderem liege. Die Wissenschaften formulieren, wie forciert oder wie vorsichtig auch immer, allgemeinverbindliche und generell nachvollziehbare Aussagen, Hypothesen und Theorien über Natur und Mensch, Kosmos und Gesellschaft. Wenn möglich, versuchen sie diese Erkenntnisse in technische Anwendungen zu transformieren, die im Prinzip jedem Interessenten zugutekommen sollten, auch dann, wenn er die wissenschaftlichen Grundlagen dazu nicht nachvollziehen kann. Die Kunst aber lebt vom Besonderen, vom Singulären, vom Werk, und dies auch dann, wenn dieses Werk als Aktion oder Ereignis gedacht ist, dessen Einmaligkeit durch seine Einspeicherung in die Daten- und Kommunikationsnetze nicht aufgehoben, sondern bestätigt wird. Die Rezeption von Kunst ist deshalb eine individuelle Leistung, kein reiner Akt des Konsums.

Kein Kunstwerk enthält deshalb eine Hypothese über die Welt, aber jedes stellt eine Welt für sich dar. Ob und wie Kunstwerke allgemeinen Gesichtspunkten untergeordnet werden können, ist zwar für die Kunstwissenschaft eine Frage und methodische Herausforderung, nicht aber für die Kunst selbst. Und sogar in jenen Fällen, in denen – zumindest nach der These des amerikanischen Philosophen Arthur C. Danto – Kunstwerke eine Theorie benötigen, um überhaupt als solche wahrgenommen werden zu können, weil sie sich von Alltagsgegenständen nicht mehr unterscheiden, dient die kunstwissenschaftliche oder philosophische Theorie dazu, das Kunstwerk eben in seiner Besonderheit und Individualität zu behaupten, nicht dazu, es einem Allgemeinen unterzuordnen. Andy Warhols *Brillo Boxes* fallen eben aus allen anderen serienmäßig gefertigten Brillo Boxes heraus.

Sosehr die Wiederholbarkeit und die Reproduktion des Identischen mit identischen Mitteln unter identischen Bedingungen in der Wissenschaft und in der industriellen Produktion ein wesentliches und entscheidendes methodisches Prinzip darstellen, so sehr ist das Erst- und Einmalige in der Kunst, letztlich das Unwiederholbare, nach wie vor ihr entscheidender Maßstab. Sogar dort, wo jemand etwas wiederholt, was ein anderer schon gemacht hat – man denke an die *Appropriation Art* –, kommt es darauf an, wer damit beginnt und wie er es macht. Die Annahme von Walter Benjamin, dass das Kunstwerk im Zeitalter seiner technischen Reproduzierbarkeit seine durch Originalität, Einmaligkeit und Erscheinen im Hier und Jetzt begründete Aura verliere, gehört wohl zu den am besten widerlegten Theorien der neueren Kunstphilosophie.

Zur These vom unverwechselbaren Charakter der Kunst im Gegensatz zum universellen Prinzip der Wissenschaft gehört auch die Einsicht, dass Kunst selbst als ein Referenzsystem betrachtet werden muss, das sich über die je hervorgebrachten Werke, Konzepte und Schöpfungen selbst generiert und verändert, während die Wissenschaft, bei aller Selbstbezüglichkeit, um die empirische Welt als letzten Referenzrahmen nicht herumkommt. Dies ist auch der Punkt, an dem sich die vielzitierten Fakten von den Fiktionen scheiden lassen. Das erlaubt es auch, Wissenschaft als ein Unternehmen zu sehen, das von kreativen und unorthodox denkenden Forschern zwar vorangetrieben, aber nicht wesentlich durch deren Individualität bestimmt werden kann. Was ein Forscherteam in Toronto nicht schafft, schafft eben ein anderes in Genf oder Shanghai. Anders in der Kunst: Der Roman, der von einem Schriftsteller nicht geschrieben wird, wird auch von keinem anderen geschrieben. Mit jedem wirklich kreativen Akt ändert sich die Bedeutung der Kunst, und es wird eine Perspektive eröffnet, die es ohne diesen individuellen Akt in dieser Form nie gegeben hätte. Die flächendeckende Verwissenschaftlichung der Künste würde zwar Normierungs- und Standardisierungsprozesse befördern, die Kunst aber damit um das bringen, was ihre Eigenart ausmacht.

Aber, so könnte man einwenden, zeigen nicht neuere Entwicklungen gerade im Bereich der digitalen Technologien oder der Gentechnik, dass Kunst und Wissenschaft eine fruchtbare Symbiose eingegangen sind und ästhetische und wissenschaftliche Strategien nicht mehr voneinander zu trennen sind – man denke an die sogenannte *Biotech-Art*? Als Beispiel wird gerne das berühmte grün leuchtende Kaninchen des Eduardo Kac genannt, der es angeblich von Genetikern in einem Labor hatte herstellen lassen. Das Kaninchen, das den Namen Alba trug, war mit den Genen einer Leuchtqualle ausgestattet worden, das transgene Tier leuchtete nun grünlich in der Dunkelheit. Die Debatte um dieses »Kunstwerk« zeigte allerdings weniger, dass nun Wissenschaft und Kunst eine Einheit bildeten – die Genetiker erfüllten für den Künstler eine ähnliche Funktion wie die Hersteller von Stahl oder Beton für einen Architekten –, sondern dass die Kunst benutzt wurde, um ihren Anspruch auf Freiheit auf die technologisch gewendeten Wissenschaften zu übertragen. Friedrich Schiller hatte einmal angemerkt, dass Kunst und Wissenschaft die Sphären menschlicher Tätigkeit seien, die ohne Freiheit nicht existieren könnten und in denen sich Freiheit am unmittelbarsten realisiert. Aber die Freiheit der Kunst ist eine andere als die der Wissenschaft, und gerade im Umgang mit Mensch und Tier unterliegen die Wissenschaften mehr oder weniger strengen ethischen Schranken. Diese aufzubrechen, indem man etwa Tier- oder Menschenversuche zu einem Kunstwerk erklärt, ist gleichsam die Fortsetzung des Wiener Aktionismus mit technischen Mitteln. Nicht das Leben wird zum Kunstwerk, wie es eine klassische Theorie der Avantgarde vermeinte, sondern die Forschung und bestimmte Bereiche ihrer Anwendung instrumentalisieren die verbriefte künstlerische Freiheit für ihre Zwecke. Solche Strategien verdeutlichen allerdings weniger einen inneren Zusammenhang von Kunst und Wissenschaft, sie provozieren vielmehr die Frage nach der Konzeption und den Grenzen der Freiheit in Wissenschaft und Kunst.

Halten wir fest und fassen wir zusammen: Kunst und Wissenschaft in einem Atemzug zu nennen bedeutet nicht, sie in ihrer Methode, ihrem Ziel und ihren Ergebnissen gleichzusetzen. Und doch haben sie viel miteinander zu tun: in ihrer Methode, ihrem Ziel und ihren Ergebnissen. Es ist aber nicht der Gleichklang, es ist die Differenz von Wahrheit und Geschmack, von Vernunft und Sinnlichkeit, von Empirie und Einbildungskraft, von Rationalität und Emotionalität, von Allgemeinem und Besonderem, von Realität und Imagination, die das Zwiegespräch von Kunst und Wissenschaft, ihre Überschneidungen und Überlappungen, ihre Ausfransungen und Verdichtungen, ihre Verständnisse und Missverständnisse, ihre Ansätze und Gegensätze erst zu einem spannenden, produktiven und unsere Kultur bestimmenden Verfahren macht. Auch das Überschreiten der Grenze zwischen Kunst und Wissenschaft kann aufregend und mit neuen Erkenntnissen und Erfahrungen verbunden sein. Damit dies möglich ist, muss aber solch eine Grenze erst gezogen werden – und zwar so scharf wie möglich.

WAS VON UNS
ÜBRIG BLEIBT

Über den Wert des Abfalls

Der Abfall ist eine Sache des Menschen. Die Natur kennt keinen Abfall. Was im Kreislauf der Natur entsteht und vergeht, wird in diesen immer wieder eingespeist, verwandelt, ändert seine Gestalt, Form und Funktion, aber wird nicht als Abfall entsorgt. Der verdorrte Baum, das Aas, die abgenagten Knochen eines Tieres, die Steine, die der Fluss ans Ufer spült: Nichts davon ist Abfall, nichts davon ist Müll.

Der Abfall ist eine Sache des Menschen. Nur der Mensch produziert Abfall. Nur aus der Perspektive des Menschen erscheinen bestimmte Dinge als Abfall. Der Baum, der keine Früchte mehr trägt, wird gefällt, vielleicht dient er als Brennholz noch zur Erzeugung von Wärme, oder er wird entsorgt. Die Knochen des im Schlachthof getöteten Tieres, die nicht mehr verwendet werden, sind Abfall, so wie heute meistens auch dessen Haut, Gedärme, Innereien, denn wertvoll sind nur mehr die besten Fleischstücke. Die Steine, die nach einem Hochwasser die Flussufer säumen, müssen weggeschafft werden, sind unnütz. Wenn der Mensch Natur bearbeitet, kultiviert und nutzt, entsteht immer auch Abfall: das, was übrig bleibt, was nicht weiter genutzt werden kann, was nicht in einen organischen Kreislauf zurückgespeist werden kann, was an gesonderten Orten abgelagert, vergraben, verbrannt werden muss.

Der Abfall ist eine Sache des Menschen. Für den Menschen gibt es drei Arten von Dingen: dauerhafte, vergängliche und den Abfall.[1] Was die Zeiten überdauern kann – Kunstwerke zum Beispiel –, entzieht sich überhaupt der Frage, ob es nicht besser entsorgt werden sollte; das Vergängliche sind Gegenstände, denen wir einen natürlichen Alterungsprozess zugestehen, der sie allmählich, vielleicht erst nach Jahrhunderten unbrauchbar oder unansehnlich werden lässt – Gebäude etwa. Niemand betrachtet die Pyramiden in Ägypten als Abfall oder Schutthaufen. Alles andere aber wird, wenn wir es nicht mehr wollen, zum Abfall. Das aber heißt: Es muss verschwinden.

Der Abfall ist eine Sache des Menschen. Abfall ist all das, was eigentlich aus unserem Blickfeld entfernt werden soll. Abfall ist das, was noch da ist, aber schon weg sein sollte. Abfall nehmen wir als Abfall nur wahr, wenn er sich am falschen Ort befindet: Schmutz in der Küche, Müll auf der Straße, Plastikrückstände in einem Fluss. Der Abfall am falschen Ort, noch sichtbar, obwohl er eigentlich schon beseitigt worden sein sollte, entsetzt uns. Kaum ist er für uns unsichtbar geworden, existiert er auch nicht mehr. Wenn alles an seinem richtigen Platz steht, gibt es keinen Abfall.[2]

Der Abfall ist eine Sache des Menschen. Der Mensch produziert den Abfall, weil er generell ein produzierendes Wesen ist. Der Mensch wurde zum Menschen, indem er anfing, seine natürliche Umgebung zu bearbeiten und Dinge herzustellen, die er zu einem besseren Leben benötigte. Bei diesem Herstellen von Dingen – gleichgültig, ob auf dem Niveau eines Steinzeitjägers oder eines Bewohners einer spätindustriellen Gesellschaft – können immer mehrere Arten von Abfällen entstehen, denn Abfall ist nicht gleich Abfall.

Abfall entsteht bei jedem Produktionsprozess. Um Dinge herzustellen, muss man Verfahren, Methoden und Hilfen entwickeln, die etwas hinterlassen, das selbst nicht gebraucht wird und letztlich einen Abfall im Wortsinn darstellt. Bei der Herstellung eines Gebrauchsgutes fällt immer noch zusätzlich etwas ab – Schlacke beim Abbau von Erz, Späne beim Hobeln von Holz, Stoffreste beim Schneidern von Kleidern, chemisch verseuchtes Wasser bei der Herstellung von Papier, Atommüll bei der Produktion von Strom aus Kernkraftwerken. Die wissenschaftlich-technische Moderne produzierte aber überhaupt ganz neue, bisher nicht gekannte Formen von Abfall: Kunststoffe, die kaum in der Natur verrotten, giftige Rückstände, die beim Abbau seltener Erden und von Rohstoffen entstehen, Gifte und Schadstoffe als Nebenprodukte industrialisierter Produktions- und Lebensweisen. Für diesen Abfall gab es lange ein einfaches Entsorgungsmodell, das die Erde schlechthin, genauer: die Biosphäre als riesigen Abfallkübel interpretierte. Man muss sich im Rückblick einmal klarmachen, was es bedeutete, dass die Menschen fast zwei Jahrhunderte lang die giftigen und schädlichen Abfallprodukte der Industrialisierung ungefiltert in die Böden und Gewässer, in die Meere, Seen und Flüsse, in die Luft pumpten und sich lange nicht klar darüber waren oder es ignorierten, dass die Natur eben kein gigantischer Abfalleimer, sondern ein dynamisches System ist, in dem die Schadstoffe und Abfallprodukte zirkulieren und an den unwahrscheinlichsten Stellen wiederauftauchen.

Dass erst sehr spät und fast immer nur dann, wenn die negativen Folgen dieser Form einer rücksichtslosen Abfallentsorgung unübersehbar wurden, Prozesse der Filterung, Reinigung, Wiederverwertung und Reduktion einsetzten, müsste uns eigentlich zu denken geben. Dass der Verkehr in Städten wie Peking, aber auch Paris durch Verbote lahmgelegt werden muss, weil man der Schadstoffe in der Atmosphäre nicht Herr wird, muss uns klarmachen, dass wir noch immer weit entfernt sind von einem souveränen und ökologisch verträglichen Umgang mit unseren industriellen Ausscheidungen. Der technische Fortschritt hält aber schon das nächste Abfallproblem für uns bereit: Während wir auf der Erde mühsam die Schäden der Vergangenheit reparieren und die der Gegenwart in Grenzen halten, wird der erdnahe Weltraum mit ausrangierten Satelliten zugemüllt – der Preis, den eine kommunikationssüchtige Gesellschaft zahlen muss. Auch der Himmel ist nicht mehr von Engeln bevölkert, sondern zu einer Müllhalde geworden, nicht unsterbliche Seelen bleiben von uns übrig, sondern immer gefährlicher werdende Schrotttrümmer.

Abfall entsteht aber nicht nur beim Herstellen der Dinge, sondern auch bei ihrem Gebrauch. Urbild der Abfallproduktion durch Gebrauch sind die Verdauungsprodukte, ist die Ausscheidung, die beim Menschen nicht einfach mehr in den Naturkreislauf eingespeist werden kann, sondern organisiert, kanalisiert, gefiltert, entsorgt, geklärt werden muss. Aber auch der Gebrauch von Dingen, die nicht als Nahrung dienen, ist selten so, dass die Dinge in ihrem Gebrauch aufgehen. In der Regel hinterlässt die Verwendung Spuren, weil nur Teile oder bestimmte Aspekte eines Dinges gebraucht werden, es aber ohne diese Teile nicht zur Verfügung stünde. Manches Obst muss geschält werden, der Verbrennungsmotor produziert nicht nur Energie, sondern auch Rückstände, wer eine Straße oder ein Haus baut, produziert auch einen Abhub, der entfernt werden muss.

Vor allem in modernen Zeiten aber, die durch einen ungeheuren Mobilitätszuwachs für Menschen und Dinge gekennzeichnet sind, entsteht eine besondere Form des Abfalls durch den Transport der Güter und die damit verbundenen Bequemlichkeitserwartungen der Konsumenten: Alles muss verpackt sein. Die Zeiten, in denen Menschen ihre Milch in der Kanne beim Bauern holten, sind seit langem vorbei. Unverpacktes wirkt geradezu anrüchig, rückständig, unhygienisch. Auch Frischwaren wie Fleisch, Obst und Gemüse gelangen mittlerweile schon verpackt in die Regale, anderes muss aus hygienischen, optischen, ästhetischen oder Gründen der Praktikabilität verpackt werden. Und in dem Maße, in dem Waren im Überfluss des Angebots auffallen müssen, nimmt der materielle und gestalterische Aufwand für Verpackungen zu. Alles muss gut, sauber und transparent aussehen, alles muss verschweißt sein, mitunter so, dass das Öffnen von Verpackungen zur intellektuellen und physischen Herausforderung geworden ist. Ohne entsprechende Werkzeuge lassen sich Druckerpatronen oder Zahnbürsten kaum mehr aus ihrer Umhüllung lösen.

Verpackungen aber sind ihrer Bestimmung nach prädestinierter Abfall. Ihr Sinn ist erfüllt, wenn sie geöffnet und, nun funktionslos geworden, entfernt werden müssen. Je aufwendiger, raffinierter, umfassender und allgegenwärtiger die Verpackungen geworden sind, desto mehr Abfall wird durch das Verschweißen und Verkleben schon produziert. Denn Verpackungen sind für nichts anderes mehr verwendbar. Und je mehr Kunststoffe und Metalle in die Verpackungsmaterialien einfließen, desto problematischer und aufwendiger wird auch die Entsorgung oder Wiederverwendung dieses besonderen Abfalls. In der Verpackungsmanie unserer Zeit artikuliert sich aber auch ein anderer Zug unserer Gesellschaft: Die Hülle, die Oberfläche, das Drumherum nimmt an Bedeutung zu, da diese Hüllen aber notwendigerweise schnell zu Müll werden müssen, führen wir uns mit jedem Aufreißen einer aufwendigen Verpackung die Wichtigkeit und Nichtigkeit derselben gleichzeitig vor Augen. Im nächsten Moment aber ist die Verpackung im Abfallkübel, und unser Augenmerk gilt dem Ding, das durch sie umhüllt gewesen ist.

Entscheidend ist nun der Abfall, der dadurch entsteht, dass auch diese Dinge – zumindest nach der Seite ihrer Brauchbarkeit – endlich sind. Entweder haben die Dinge eine durch Verschleiß, Gebrauch oder durch ihre Fertigung eingeschriebene begrenzte Verwendungsdauer, oder sie veralten und müssen durch neuere Modelle oder innovative Produkte ersetzt werden. Hier fällt nicht nebenbei etwas ab, sondern die Sache selbst, um die es geht, wird zum Abfall. Nicht Teile oder klassische Abfallprodukte müssen dann entsorgt werden, sondern die Dinge selbst: Kleider, Lebensmittel, Automobile, Lokomotiven, technische Geräte aller Art, Möbel, Einrichtungsgegenstände, Beleuchtungskörper, Bücher, Schallplatten – was auch immer.

So wie jeder Mensch schon den Tod in sich trägt, ist jedes Ding immer schon ein Gegenstand, der irgendwann einmal entsorgt werden muss. Wir kaufen, um nach mehr oder weniger intensivem Gebrauch wieder wegzuwerfen. Das gilt prinzipiell von allen Dingen, aber in einer industrialisierten, hochinnovativen und deshalb schnelllebigen Zeit beschleunigt sich der Zyklus von Produzieren, Aneignen, Gebrauchen und Abstoßen in einem atemberaubenden Tempo. Während Handwerkskulturen Güter produzierten, die unter Umständen ein Leben lang verwendet und dann auch noch vererbt werden konnten – Uhren, Möbel, Werkzeuge, Kleider, Kutschen, aber auch Waffen, die Bibel, Geschirr und Vorhänge –, produzieren Industriekulturen in erster Linie, wenn auch nicht ausschließlich, kurzlebige Gegenstände.

Dies geschieht aus zwei Gründen: Einmal sinkt die Bereitschaft, Dinge aufzubewahren und weiterzugeben, wenn diese nicht individuell, sondern massenhaft auf identische Weise in nahezu identischer Ausstattung produziert werden. Dort, wo uns heute noch beide Varianten zugänglich sind, können wir an uns selbst die unterschiedlichen Wertschätzungen beobachten: Maßschuhe und individuell geschneiderte Anzüge behandeln wir anders als Konfektionsware, die industriell produzierte Billiguhr, die digital die Zeit exakt anzeigt, schätzen wir wesentlich geringer als eine mechanische Uhr aus einer Schweizer Manufaktur, die nur ungefähre Zeitangaben liefert. Zum anderen aber sind industrielle Kulturen technische Fortschrittskulturen, das heißt, dass der Wert der Güter mit ihrem Alter nicht zu-, sondern abnimmt. Das Neuere, Bessere, Innovativere steht immer schon vor der Tür. Mit der Beschleunigung der Innovations- und Produktionszyklen beschleunigt sich aber auch die Produktion von Abfall. Das neue Smartphone, der neue Fernseher, die neue Waschmaschine, der neue Herd, der neue Computer – alles Dinge, die in dem Moment, in dem wir sie in Gebrauch nehmen, eigentlich schon überholt und damit – Abfall sind. Wir produzieren so nicht nur Abfall, wenn wir die Dinge benutzt und verbraucht haben, wir leben mit Dingen, die wir als potenziellen Abfall begreifen müssen. Im Moment ihres Entstehens sind unsere Produkte schon antiquiert, ohne je zu einer Antiquität werden zu können.[3]

Das führt uns zu einem entscheidenden Aspekt einer jeden aktuellen Theorie des Abfalls: Moderne, konsumorientierte spätindustrielle Gesellschaften produzieren mit einem Überfluss an Gütern nicht nur einen Überfluss an Müll, sondern sie produzieren aus diesem Überfluss heraus Güter als Müll. Das Schlagwort von der Wegwerfgesellschaft hat einen doppelten Sinn: Nicht nur dass Wegwerfen statt Wiederverwerten eine noch immer dominante Entsorgungsstrategie darstellt, ist damit gemeint, sondern dass Wegwerfen zunehmend zu einer zentralen Form des Gebrauchs von Gütern wird: sehen, kaufen, wegwerfen. Das gilt selbstredend für alle Arten von Einweggegenständen generell. Aber auch vor allem in den Hochzeiten des Konsums, etwa zu Weihnachten, werden Unmengen von Gütern gekauft, die ungebraucht, oft noch in der Originalverpackung, ihren Weg in die Abfallcontainer finden.

Je mehr der Kaufakt selbst zu einem Erlebnis und zu einer sinnstiftenden Aktivität wurde, desto mehr wurde der eigentliche Gebrauch der Güter entwertet. Sie werden nicht mehr zur Gänze aufgezehrt – die Menge der überflüssigen und weggeworfenen Lebensmittel spricht Bände –, sie werden nicht mehr so und vor allem nicht mehr so lange gebraucht, wie es ihre Bestimmung wäre. Manches wird in den Wohnungen gehortet – Schuhe, Kleider, Bücher, Nippes, Spiele, Geräte aller Art –, vieles aber, das funktioniert und neuwertig ist, wird zum Abfall degradiert, weil es das falsche Geschenk war, nach kurzer Zeit nicht mehr gefällt, oder überhaupt von allem Anfang an überflüssig und damit potenzieller Abfall gewesen ist, weil nur eine Kauflust befriedigt werden sollte. Das führt dazu, dass die Phase, in der unsere Dinge zu Abfall werden, schon bei ihrer Produktion mitbedacht werden muss. Recyclinggerechtes Design denkt die Dinge nicht von ihrem Gebrauchsstatus, sondern von ihrem Müllstatus her.[4] Das aber bedeutet: Wir produzieren nicht Dinge, sondern Abfall.

Dies allerdings prägt unsere Einstellung zu den Dingen. Dinge, die uns wert erscheinen, aufbewahrt zu werden, behandeln wir anders als Dinge, denen ihr Ablaufdatum eingeschrieben scheint. Und dies gilt nicht nur für Lebensmittel. Ob Dingen dieser Wert zukommen kann oder nicht, hängt aber nicht nur vom Ding ab, sondern auch von unseren Wertvorstellungen, Wertsetzungen, Kontexten und Perspektiven. Man kann sich dies leicht vor Augen führen, wenn es darum geht, etwa den Haushalt eines Verstorbenen aufzulösen. Alles, was sich darin noch findet, hatte offensichtlich einen Wert, ansonsten hätte er die Dinge weggeworfen. Aus der Perspektive der Erben mag dies ganz anders aussehen. Vieles wird sich darin finden, das als Plunder, altes Zeug, verschlissenes Gewand, antiquierte Technologie entsorgt und einer Entrümpelungsfirma anvertraut wird. Diese wird wiederum nach anderen Gesichtspunkten das Gerümpel sichten – manches ist vielleicht noch verwertbar, einiges kann vielleicht sogar verkauft werden, wieder anderes findet seinen Weg auf die Müllhalde oder in die Verbrennungsanlage. Es mag sich aber in solch einer Hinterlassenschaft auch etwas finden, das für die Nachkommen einen ganz besonderen Wert bekommen kann – Aufzeichnungen, Briefe, Dokumente, selten gewordene Bücher, Schmuckstücke, Einrichtungsgegenstände. Und in seltenen, aber wichtigen Fällen finden Dinge, die von uns übrig bleiben, den Weg in ein kulturelles Archiv, ein Museum, eine Gedenkstätte. Der Abfall wird zum unverzichtbaren Dokument einer Lebensform oder einer Kultur, an dem, was von uns – im individuellen und kollektiven Sinn – übrig bleibt – als Rest, als Abfall, als Überflüssiges, als Ausrangiertes –, wird man auch erkennen, wer wir waren. In der Archäologie ist es seit langem bekannt, dass man aus Abfall – Tonscherben, entsorgtem Hausrat, Nahrungsresten, kaputten Gebrauchsgegenständen – mitunter mehr über die Kultur, die Lebensweise und den zivilisatorischen Standard einer Gesellschaft erfahren kann als über die sorgsam gehüteten und tradierten Kostbarkeiten.

Der meiste Abfall, den wir produzieren, bestimmt *ex negativo* unser Leben. Abfall ist das, was wir nicht mehr benötigen, was wir verschwinden lassen wollen, was entsorgt werden soll, was einfach nicht mehr da sein darf. Mit anderen Worten: Abfall ist deshalb Abfall, weil wir dafür nur noch eine Bestimmung sehen – es wegzuwerfen. Dass für andere Menschen dies nicht unbedingt Gültigkeit haben muss, gehört selbst zur Kulturgeschichte des Abfalls. Von allem Anfang an gab es Menschen, die in dem, was andere wegwarfen, noch nach Brauchbarem und Nutzbarem suchten – und es sind nicht selten die Armen, die in den Abfallhaufen der Reichen nach solch wertvollen Resten stöbern, von den Lumpensammlern vergangener Zeiten bis zu den Obdachlosen der Gegenwart, welche die Mülltonnen der Metropolen nach solchen Überbleibseln, Brosamen im Wortsinn, durchforsten.

Mit der Einheit von Entsorgung und Gebrauch handelt sich unsere Gesellschaft nicht nur ökologische und infrastrukturelle Probleme ein, die durch die quantitative Vermehrung des Abfalls entstehen, sondern dadurch wird auch eine Reihe von ethischen Fragen aufgeworfen. In einer Welt zunehmend knapper werdender Ressourcen nicht nur auf Reparaturen zu verzichten und jeden Defekt eines Gebrauchsgegenstandes durch eine Neuanschaffung zu kompensieren, ist an sich schon höchst fragwürdig. Dinge mit zum Teil hohem Energieaufwand zu produzieren, damit sie, ohne je benutzt worden zu sein, sofort im Müll landen, grenzt allerdings an Zynismus angesichts einer Situation, in der unzählige Menschen noch immer nicht einmal das Notwendigste zum Leben haben. Abfall ist nicht nur die Kehrseite der Produktion und des Transports von Gütern, Abfall ist – in einem doppelten Sinn – auch die Kehrseite des Konsums: Er zeigt das, was nicht konsumiert wird, und er zeigt die, die vom Konsum ausgeschlossen sind.[5]

Wenn vom Wert des Abfalls die Rede ist, dann muss abschließend auf das innerste Paradoxon einer erfolgreichen Konsumgesellschaft verwiesen werden: Je mehr Güter wir produzieren, denen wir schon nach kurzer Zeit keinen Wert mehr beimessen und deshalb zu Abfall werden lassen, desto wertvoller wird dieser Abfall. Und dies nicht nur in dem Sinn, dass in Gesellschaften mit avancierten Technologien fast jedes Produkt seltene und wertvolle Materialien und Stoffe enthält, die in den Produktionsprozess wieder eingeschleust werden können, sondern auch in dem Sinne, dass vieles nahezu ungebraucht weggeworfen wird, das an anderer Stelle und von anderen Menschen als höchst wertvoll eingeschätzt werden könnte. Allmählich wird es tatsächlich zu einem Hinweis für den Stand einer Zivilisation, wie sie mit ihrem Abfall umgeht.

Der Abfall ist eine Sache des Menschen. Und dies bedeutet, dass der Mensch bestimmt, was unter welchen Bedingungen als Abfall gehandelt wird. Die Zunahme an Abfall in der modernen Gesellschaft könnte auch als Indiz dafür gewertet werden, dass es immer weniger gibt, dem wir wirklich einen Wert beimessen. Wenn nahezu alles in kurzer Zeit zu Abfall wird, heißt das auch, dass wir nichts mehr für wirklich behaltenswert erachten. Möglich, dass von unserer Gesellschaft einmal nichts anderes in Erinnerung bleiben wird, als dass wir Unmengen an Abfall produziert haben. Das können wir nicht wollen, schon aus Selbstachtung nicht. Das ist aber kein Plädoyer für eine totale Abfallvermeidung. Diese ist unmöglich, und eine Gesellschaft von Messies, in der alle alles aufbewahren, wäre ein Albtraum. Sehr wohl aber müssen wir wieder unser Bewusstsein schärfen für die wichtigen und unwichtigen Dinge, für das Wertvolle und Wertlose, für die Kreisläufe der Natur, der Organismen und unserer Produktionsprozesse, und dafür, dass nicht alles, was *für uns* Abfall ist, auch *für alle* unbrauchbar sein muss. In unserem Abfall mag nicht nur für andere Menschen, sondern auch für uns in einem besseren Sinne mehr abfallen, als wir denken. Darüber nachzudenken, welche Werte im Abfall selbst stecken, könnte ein wichtiger Schritt zu einer Gesellschaft sein, von der mehr übrig bleibt als nur ihr Müll.

IN DEN NIEDERUNGEN
DER POLITIK

REVOLUTION UND
GRAUSAMKEIT

Zur Dynamik gesellschaftlicher
Veränderungen

»In Paris ist Revolution ausgebrochen.« Mit diesem Ausruf, der fast eine geschichtsphilosophische Formel darstellt, stürzt in Alban Bergs Oper »Lulu« Dr. Schön, einen Revolver in der Hand, ins Zimmer, um mit seiner exzentrischen Frau, dieser *Femme fatale*, abzurechnen. Sein Sohn Alwa, ein träumerischer Komponist und ebenfalls in Lulu verliebt, stammelt »schlaftrunken«: »In Paris … Lass mich nach Paris …« Darauf sein Vater: »In der Redaktion weiß keiner, was er schreiben soll.« Er stößt seinen Sohn aus dem Raum, drückt dann Lulu den Revolver in die Hand, will sie zum Selbstmord zwingen und wird von ihr wenig später mit fünf Schüssen in den Rücken erledigt.[1] Man könnte sich fragen, ob sich in dieser kleinen Szene nicht ein Modell für unseren Umgang mit Revolutionen findet: Eine Revolution bricht aus, keiner weiß, was er schreiben soll, und dann wenden wir uns unseren eigenen Problemen zu – mit oder ohne Revolver. Dass bei Frank Wedekind und Berg diese Revolution in Paris ausbricht, ist allerdings kein Zufall. Es war und ist die Französische Revolution, an der sich das moderne Denken der Revolution überhaupt entzündet hat, die zum Maßstab, zum Angelpunkt und zum Referenzrahmen aller nachfolgenden Revolutionen werden wird, von den Revolutionen des Jahres 1848 über die Russische Revolution 1917, vom Pariser Mai des Jahres 1968 bis zum euphemistisch so genannten Arabischen Frühling. Lasst uns also nach Paris!

Im Jahre 1957 veröffentlichte der Philosoph Joachim Ritter an einem entlegenen Ort eine kleine Abhandlung mit dem Titel »Hegel und die französische Revolution«. Es sollte einer der einflussreichsten Texte der deutschen Nachkriegsphilosophie werden. Ritter, der später zum Oberhaupt einer gerne konservativ genannten Schule avancieren sollte, hatte darin den Versuch unternommen, Hegel vom Vorwurf, ein Verteidiger des reaktionären preußischen Staates zu sein, zu befreien und den Nachweis zu liefern, dass Hegels geschichtsphilosophisches und politisches Denken nur aus seinem positiven Verhältnis zur Französischen Revolution zu verstehen war. Wie immer diese Deutung heute eingeschätzt werden mag: Entscheidend war, dass Ritter mit Hegel versuchte, die Revolution auf den Begriff zu bringen. Mit Emphase zitiert Ritter jene berühmt gewordenen Sätze aus Hegels »Phänomenologie des Geistes«, nach denen die politische Revolution die »ungetheilte Substanz der absoluten Freiheit« ist, die sich auf den »Thron der Welt« erheben will, »ohne daß irgendeine Macht ihr Widerstand zu leisten vermöchte«.[2] Freiheit ist das Motiv, der Ausgangspunkt und das Telos der Revolution, Freiheit ist aber auch das immer wieder neu zu behauptende problematische Erbe der Revolution: »Dies durch die Revolution gestellte und zugleich nicht gelöste Problem ist die politische Verwirklichung der Freiheit«, einer Freiheit allerdings, die streng hegelianisch als die Möglichkeit des »Beisichselbstsein[s] des Menschen« gedacht wird. Oder, wie Ritter mit Aristoteles erläutert: »Frei ist der Mensch, der um seiner selbst willen, nicht um eines anderen willen ist.«³ Revolution bedeutet: die Freiheit als Freiheit für alle einzufordern, sie zu einem Recht zu erklären und nach einer Verfassung des Staates zu suchen, die imstande ist, diese Freiheit, die nur als Freiheit des Einzelnen gedacht werden kann, zu garantieren.

Wohl wusste Hegel und mit ihm auch Ritter, dass der erste Schritt in diese Freiheit, die Revolution selbst, ihre Schattenseite hat: den Terror. Das entsprechende Kapitel in Hegels »Phänomenologie« trägt den Titel »Die absolute Freiheit und der Schrecken«, und darin findet sich auch jene lakonische und auch von Ritter zitierte Bemerkung, dass zur Revolution auch der »platteste Tod« gehört, »ohne mehr Bedeutung als das Durchhauen eines Kohlhauptes ...«⁴ Im Namen der Freiheit des Einzelnen wird das Leben des Einzelnen zu einer Nullität – es hat keine Bedeutung. Doch dieser Schrecken und seine Opfer schienen angesichts des großen revolutionären Programms der »Einheit von Freiheit und Menschsein« wenn nicht vernachlässigbar, so doch legitimierbar.

Mehr als ein halbes Jahrhundert nach Joachim Ritters bahnbrechender Studie veröffentlichte sein Sohn Henning Ritter kurz vor seinem frühen Tod einen »Versuch über die Grausamkeit«, dem er den Titel »Die Schreie der Verwundeten« gab. Das Buch beginnt mit einer intensiven Einlassung auf jene Seite der Französischen Revolution, die Hegel und sein Vater gerade einmal gestreift hatten – dem System der Vernichtung, das kein Unfall, keine Abweichung, sondern Ausdruck der innersten Logik der Revolution war, wie sie Robespierre verkörperte: »Das mit letzter Konsequenz gewollte Gute wird böse, das Böse treibt das Gute aus sich hervor.«⁵ Robespierre, die Inkarnation der Revolution, erscheint als der »Typus des Vollstreckers, der im zwanzigsten Jahrhundert wieder auftauchen wird, der Ernst macht mit dem, was in der Situation bereit liegt: Worte zu Taten.«[6] Keine Revolution, die sich nicht als eine Idee vorbereitete, die verwirklicht werden sollte; keine Verwirklichung einer Idee, die nicht Angst und Schrecken verbreitete. Das Verstörende an Henning Ritters Essay ist dann auch die Rekonstruktion der immanenten Grausamkeit der Revolution.

Der Nimbus, der die Revolution lange umgab, lag nicht in ihrer Praxis, sondern in ihrem Pathos, ihrer Gestik, ihrer Symbolik. Es ist erstaunlich, dass in der Euphorie gerade auch über die bürgerlichen Revolutionen des 18. und 19. Jahrhunderts großzügig darüber hinweggesehen wird, dass keine dieser Revolutionen ihr Ziel unmittelbar erreichte. Sie mündeten fast stets in Terror, Gewaltherrschaft, politischem Abenteurertum, und es dauerte, etwa in Frankreich, nach der Schreckensherrschaft der Jakobiner, mit Napoleon, der Restauration, weiteren Aufständen, dem dritten Napoleon und mehreren Kriegen über ein Jahrhundert, bis die Versprechen der Revolution allmählich stabile institutionelle Formen annehmen konnten. Schon Hegel hatte erkannt, dass auch und gerade nach einer erfolgreichen Revolution, die das Alte stürzt, ohne das Neue etablieren zu können, das Problem der politischen Stabilisierung der »Knoten« bleibt, an dem die Geschichte steht und den sie in künftigen Zeiten lösen muss.[7]

Gelungene Revolutionen mögen politische Machtverhältnisse umstürzen, alte Systeme hinwegfegen, Personen beseitigen – in der Regel schaffen sie mehr und länger andauernde Probleme, als sie unmittelbar lösen. Der Enthusiasmus, der mancherorts für den sogenannten Arabischen Frühling, den man sich nach dem Modell der europäischen Revolutionen dachte, um sich gegriffen hatte, war so auch Ausdruck einer eklatanten Geschichtsvergessenheit gewesen, letzter Reflex einer unwissenden Revolutionsromantik. Nicht nur frisst wie Saturn die Revolution ihre Kinder – wie Pierre Victurnien Vergniaud, einer ihrer Protagonisten, am Gang zum Schafott bemerkte –, sondern sie muss ihre Anhänger immer auch enttäuschen. Nur der überlebt eine Revolution, der bereit ist, ihre Ideale zu verraten. Man kann über Lenin sagen, was man will: Aber in »Staat und Revolution« hat er ein ziemlich klares Bewusstsein von diesen Zusammenhängen entwickelt.

Es sind aber Ideale, die die Leuchtkraft von Revolutionen bestimmen. Hannah Arendt hat in ihrem großen Essay »Über die Revolution« aus dem Jahre 1963 diese Ideale benannt: die »Idee der Freiheit« und die »Erfahrung eines Neuanfangs«.[8] Eine Revolution, der es nicht um Freiheit, um individuelle Freiheit, um Freiheit als Selbstbestimmung des Einzelnen geht, ist keine Revolution, eine Revolution, die nicht die Politik, den Staat, die Gesellschaft neu denken und gestalten will, ist auch keine Revolution. Eine Revolution ist eben nicht die beschleunigte Variante einer Reformpolitik, eine Revolution ist nicht das Resultat kontinuierlicher Veränderungen im Bereich des Sozialen, der Wissenschaften oder der Technik, sondern eine Revolution muss sich als Bruch, als Ende und Neubeginn, als radikaler Wechsel der Perspektive, als der andere Zustand erweisen. Hannah Arendt hat an anderen Stellen diesen Neubeginn an ihr Konzept der Natalität des Menschen gekoppelt, seine Fähigkeit, mit jeder Geburt neu und von neuem und mit etwas anderem anzufangen, und es verwundert wenig, dass schon Karl Marx der Geburtlichkeitsmetapher nicht abgeneigt gewesen war: Im »Schoß der alten Gesellschaft« werden die Existenzbedingungen der neuen »ausgebrütet«.[9] Das, was die Revolution in die Welt setzt, ist gewissermaßen latent schon vorhanden, aber noch nicht Wirklichkeit geworden. Eine Zeit, so behauptete es diese geschichtsmetaphysische Spekulation, muss reif sein für eine Revolution.

Die Freiheit und das Neue: Genau wegen dieser Bestimmungen kannte Hannah Arendt übrigens nur zwei Revolutionen, die diesen Namen auch verdienten: die amerikanische Revolution, also der Unabhängigkeitskrieg, und die Französische Revolution. Revolutionen, in denen es nur um einen Machtwechsel, einen Austausch der Eliten oder um die Etablierung totalitärer Herrschaftsformen geht – wie etwa in Russland –, waren für Arendt keine Revolutionen. Folgt man diesen Überlegungen, wäre auch eine islamische Revolution, wie sie etwa im Iran mit dem Ziel stattgefunden hat, eine autokratische, religiös fundierte Herrschaft zu installieren, in diesem Sinn keine Revolution. Dies ist übrigens genau der Grund, warum der arabische Schriftsteller Adonis (Ali Ahmad Said) zu Beginn des Arabischen Frühlings erklärt hatte, dass er nicht an einer Revolution teilnehmen könne, die in einer Moschee beginne. Solch eine Revolution sei keine, da es essenziell weder um Freiheit noch um Demokratie gehe, sondern um bewaffnete Revolten mit unklaren Zielen, aber letztlich unter religiösen Prämissen.

Die Begeisterung und Sympathie vieler europäischer Intellektueller für die islamische Revolution des Ayatollah Khomeini mag aus einem antikolonialistischen Impuls erklärbar sein – revolutionstheoretisch war dies eine Bankrotterklärung. Ob der Zusammenbruch der kommunistischen Diktaturen in Osteuropa in diesem Sinne als Revolution zu werten wäre, müsste diskutiert werden, wobei eine besondere Ironie darin läge, dass die letzten wirklichen europäischen Revolutionen dann in jenen Gesellschaften stattgefunden hätten, die sich als legitime Erben der großen Revolutionen gefühlt hatten. In der klassischen marxistischen Diktion hätte es sich bei den Transformationen von 1989 um Konterrevolutionen gehandelt.

Und auch wenn wir mit dem Begriff der Revolution einigermaßen großzügig umgehen – ohne den Anspruch auf Freiheitsgewinne und den Beigeschmack des Neuen werden wir dabei nicht recht froh. Das gilt für die industrielle Revolution ebenso wie für die sexuelle, für wissenschaftliche Revolutionen ebenso wie für die digitale, und dies gilt auch für soziale Revolutionen. Nur weil etwas neu ist, stellt es noch keine Revolution dar – das gilt für viele Innovationen vor allem im Bereich der Medien und der unterschiedlichen Technologien. Veränderungen, und mögen sie noch so dramatisch sein, die den Menschen nicht mehr Freiheit, sondern mehr Zwang und Abhängigkeit bringen, Einschnitte, und mögen sie noch so drastisch sein, die eine Rückkehr zu alten Lebens- und Erwerbsformen bedeuten – Taglöhnerschaft, prekäre Beschäftigungsverhältnisse, überlange Arbeitszeiten, konterkariert durch die Reetablierung von Privilegien für neue und alte Eliten –, sind keine Revolutionen. Alle diese genannten Revolutionen versprachen dann auch zumindest in ihren Programmen mehr Freiheit – in der Sexualität, in der Kommunikation, in der Produktion, in der Forschung –, und alle unterlagen, wenn auch oft in Form der Karikatur, der Logik des Umschlags der Freiheit in den Schrecken: In der befreiten Sexualität dominiert der Leistungsdruck, in der digitalen Kommunikation triumphieren die Überwachungsprogramme, in der Forschung herrscht ein standardisierter Publikationszwang!

Hermann Lübbe, ein Schüler von Joachim Ritter, hat in seinem Nachwort zu »Über die Revolution« angemerkt, dass Hannah Arendt keinen romantischen Begriff der Revolution, wohl aber einen romantischen Begriff der Freiheit gehabt habe. Und in der Tat: Arendt war sich über das immanente Gewaltpotenzial von Revolutionen im Klaren. Gerade weil das emphatische Ziel der großen Revolutionen die Befreiung des Menschen war, schien es jedes Mittel zu rechtfertigen: Denjenigen, die im Sinne dieser Revolution arbeiten, müsse alles erlaubt sein – so Saint-Just, so Lenin. Umgekehrt glaubte Arendt, dass die Frage der Freiheit von der sozialen Frage entkoppelt werden müsse, ja, sie vertrat die These, dass die soziale Frage die Aufbruchsstimmung der europäischen Revolutionen erstickt habe. Politische Revolutionen befreien den Menschen, sie lösen nicht seine Lebensprobleme. Was von Arendt vergessen wurde: dass auch die soziale Not ein Gegenbild von Freiheit ist.

Die Freiheit und das Neue: Das gilt auch und vielleicht im besonderen Maße für die Revolutionen in der Kunst. Im Jahre 1849, als sich das Scheitern der politischen Revolution abzeichnete, veröffentliche der ehemalige sächsische Hofkapellmeister, Barrikadenkämpfer und nunmehrige Flüchtling Richard Wagner den Aufsatz »Die Kunst und die Revolution«. Wagner will beides: die Freiheit und das Neue. Er will die Freiheit und die Befreiung des Menschen – und dies umso mehr, als die bisherige Entwicklung der Menschheit nicht die Sklaven frei, sondern die Freien zu Sklaven gemacht habe.[10] Und Wagner will die Befreiung der Kunst – denn diese erscheint gerade in der anbrechenden Moderne ganz besonders geknechtet: »Das ist die Kunst, wie sie jetzt die ganze zivilisierte Welt erfüllt! Ihr wirkliches Wesen ist die Industrie, ihr moralischer Zweck der Gelderwerb, ihr ästhetisches Vorgeben die Unterhaltung der Gelangweilten.«[11] Das Neue allerdings, das Wagner will, ist die Einheit der politischen und sozialen mit der ästhetischen Revolution. Denn der freie Mensch ist gleichzeitig der und nur der,

der auch ästhetisch empfänglich und ästhetisch produktiv ist: »Aus dem entehrenden Sklavenjoche mit seiner bleichen Geldseele wollen wir uns zum freien künstlerischen Menschentume aufschwingen: aus mühselig beladenen Tagelöhnern der Industrie wollen wir alle zu schönen, starken Menschen werden, denen die Welt gehört als ein ewig unversiegbarer Quell höchsten künstlerischen Genusses.«[12] Die Revolution sollte diesem Menschen die Stärke, die Kunst sollte ihm die Schönheit geben. Und dann heißt es weiter: »Jeder Mensch wird in Wahrheit Künstler sein.«[13] Auch Joseph Beuys, wir ahnten es, war Wagnerianer.

Nein, die Hoffnungen, die die Kunst in die Revolution setzte, haben sich ebenso wenig erfüllt wie die, welche die Revolution in die Kunst setzte. Das Konzept, die ästhetische Avantgarde auch als Vorhut einer sozialen und politischen Revolution zu sehen, hat zwar bis heute den Kunstmarkt belebt, aber die gesellschaftlichen Verhältnisse unangetastet gelassen. Revolution ist heute ein seltsam farbloser Begriff geworden. Die Emphase, mit der dieser Begriff einmal verbunden war, ist verschwunden. Die »erhabene Rührung« und der »Enthusiasmus des Geistes«, den Hegel noch zur Revolution, dieser »Morgenröthe« der Geschichte, assoziieren konnte[14], empfindet kaum noch jemand, aber auch die Schrecken der vergangenen Revolutionen schrecken nicht mehr, man begreift sie als Preis, der für die Etablierung jener menschenrechtlichen Verhältnisse, in denen man es sich eingerichtet hat, eben zu zahlen war.

Das macht es auch trotz der andauernden Krise schwer, in der Idee der Revolution noch jene Kraft zu sehen, die den Kapitalismus, seine modernen Erscheinungsformen und die durch ihn verschärften Abhängigkeiten überwinden könnte. Und dies hat auch damit zu tun, dass wir die Idee der Freiheit und das Konzept des Neuen entkoppelt haben. Das Neue ist allgegenwärtig, wir werden von Innovationen geradezu überschwemmt. Die Beschleunigungsdynamik der modernen Welt kennt keine versteinerten Verhältnisse, die zum Tanzen gebracht werden müssten, revolutionär wäre heute wahrscheinlich die Forderung nach Innehalten, Kontemplation, Ruhe, Langsamkeit.

Jenseits des Kapitalismus aber können wir uns nichts mehr vorstellen, alles, was neu ist oder sein könnte, hat ihn zur Voraussetzung. Kapitalismuskritik äußert sich deshalb auch als diffuse Empörung, als partielle Aktion, als Bürgerinitiative, als spektakuläre Besetzung eines Bankenviertels, mit einem Wort: als Anspruch, bisher vernachlässigte Partikularinteressen durchzusetzen, ohne die Rahmenbedingungen an sich in Frage zu stellen. Und die individuelle Freiheit ist einerseits selbstverständlich, andererseits eine vernachlässigbare Größe geworden. Mitunter kann man sich des Eindrucks nicht erwehren, dass unter dem Druck der modernen Kommunikationsformen die schon von Étienne de La Boétie, einem Freund Michel de Montaignes, diagnostizierte Disposition des Menschen zur »freiwilligen Knechtschaft« gegenwärtig hoch im Kurs steht.

Vielleicht könnte man überhaupt die These riskieren, dass die Revolution wohl der Motor war, der feudale Gesellschaften in bürgerliche transformierte, dass es aber ein Irrtum war zu glauben, dass die dynamisch bürgerlich-kapitalistische Gesellschaft ihrerseits durch eine Revolution überwunden werden könnte. Sollte sich die von manchen geäußerte Beobachtung bestätigen, dass wir im globalen Kapitalismus neofeudalen Gesellschafts- und Herrschaftsformen entgegengehen, könnte allerdings irgendwann auch einmal wieder die Stunde der Revolutionäre schlagen.

Noch aber ist es nicht so weit. Zumindest steht die Revolution nicht auf der Tagesordnung – weder in der Theorie noch in der Politik, noch in der Kunst. Nein, wer heute in den Suchmaschinen nach »Revolution« fahndet, kann schon, abhängig von Zeit und Ort der Recherche, nach dem unvermeidlichen Wikipedia-Eintrag auf eine US-amerikanische Fernsehserie stoßen, dann auf eine Event-Agentur, eine Anzeige für Liegeräder, die eine »Bike-Revolution« verspricht, auf eine Studentenbar in Graz und auf einen Online-Shop, der unter dem Label »Revolution« die »heißesten Styles« im Segment »Schlafanzüge« anbietet. Unter dieser Perspektive könnte man das Problem der Revolution auch ganz entspannt sehen.

DIE ZUKUNFT DER
SOZIALEN DEMOKRATIE

Ein Plädoyer für die Rückkehr
der Politik in die Politik

Eine Schilderung des Zustandes, in den unsere Welt durch den dynamisierten und globalisierten Kapitalismus des letzten Vierteljahrhunderts geraten ist, könnte wie folgt formuliert werden: Der globalisierte Kapitalismus produziert Wunderwerke aller Arten, gleichzeitig aber Verarmung und unvorstellbares Elend für diejenigen, die in den Industriezonen Ostasiens und anderer Weltteile diese Wunderwerke schaffen. Der globale Kapitalismus schafft ungeheuren Reichtum für wenige und bisher kaum bekannten Wohlstand für einige privilegierte Regionen dieser Erde, er verschärft aber auch in ebenfalls bisher ungeahnter Weise den globalen und lokalen Gegensatz zwischen Arm und Reich. Der globalisierte Kapitalismus schafft atemberaubende Schönheit in der kühnen Architektur der neuen Finanz- und Konzernzentren, im Design luxuriöser Gebrauchsgegenstände, in Kunst und Mode, in der Umgestaltung ganzer Stadtviertel und Landschaften, er führt aber auch zu einer zunehmenden Verhässlichung durch Verödung, Verarmung, Verslummung, Verschmutzung, durch Vernichtung gewachsener Lebensformen – und dies im Weltmaßstab. Die Innovationen des modernen Kapitalismus erlauben es, immer mehr ehemals durch menschliche Arbeit erledigte Tätigkeiten zu automatisieren und durch digitale Maschinen erledigen zu lassen, ohne dass die Menschen jedoch das Gefühl hätten, dadurch in irgendeiner Weise vom Druck der Arbeit befreit zu werden. Ganz im Gegenteil: Immer mehr Menschen leiden darunter, diesen Maschinen ausgeliefert zu sein – wie *smart* diese sich auch geben mögen. Der dynamisierte Kapitalismus entfaltet vor allem im Bereich der Naturwissenschaften und ihrer Anwendungen ungeheuer beschleunigte Erkenntnisfortschritte, er vervielfacht und vernetzt das Wissen der Menschen in einem atemberaubenden Tempo, gleichzeitig aber produziert er eine Reihe von »Blödmaschinen«[1], die die Menschen entmündigen und den niveaulosen Attacken der Massenmedien hilflos ausliefern. Mit einem Wort: Wir sind weit davon entfernt, in einer Welt zu leben, in der die Lebenschancen und Entfaltungsmöglichkeiten von Menschen einigermaßen gerecht und human verteilt wären.

Diese Diagnose ist über weite Strecken eine Paraphrase auf eine einmal berühmte Stelle aus jenen Notizen, die sich Karl Marx im Jahre 1844 im Pariser Exil gemacht hatte.[2] Natürlich wäre es verführerisch, die erschreckende Parallelität von Gesellschaftsdiagnosen zu verfolgen, zwischen denen mehr als anderthalb Jahrhunderte liegen, aber so einfach können und wollen wir es uns nicht machen. Denn zu diesen Zeiten, die zwischen diesem frühen Befund und der aktuellen Situation liegen, zählt auch das »sozialdemokratische Jahrhundert«, das von dem geadelten deutsch-englischen Soziologen Ralf Dahrendorf eingeführt wurde, um es für beendet zu erklären. Wie erinnerlich, hatte Dahrendorf in seinem im Jahre 1983 erschienenen Buch »Die Chancen der Krise. Über die Zukunft des Liberalismus« Folgendes dekretiert: »In seinen besten Möglichkeiten war das [zwanzigste] Jahrhundert sozial und demokratisch. An seinem Ende sind wir (fast) alle Sozialdemokraten geworden. Wir haben alle ein paar Vorstellungen in uns aufgenommen und um uns herum zur Selbstverständlichkeit werden lassen, die das Thema des sozialdemokratischen Jahrhunderts definieren: Wachstum, Gleichheit, Arbeit, Vernunft, Staat, Internationalismus.« Wir erlebten damals nach Dahrendorf »das Ende des sozialdemokratischen Jahrhunderts in der OECD-Welt«. Und weiter hieß es: »Sozialdemokraten haben das, was wir etwas lose Demokratie nennen, durchgesetzt und verteidigt.« Um dann zu dem viel diskutierten Schluss zu kommen, dass das sozialdemokratische Programm wohl attraktiv sei, »nur eben: es ist ein Thema von gestern.«[3]

Nun ja, auch ein Lord kann sich irren. Dreißig Jahre später liest es sich anders. Keines der damals benannten Themen hat sich nämlich erledigt. Wachstum – übrigens nicht nur eine sozialdemokratische Idee – ist gleichermaßen zum Fetisch wie zum mittlerweile höchst umstrittenen Grenzwert unserer Epoche geworden. Gleichheit ist – wie vielleicht noch in den achtziger Jahren des vorigen Jahrhunderts – leider keine Selbstverständlichkeit mehr. Nicht nur wurden die Unterschiede zwischen Ethnien, Religionen, Geschlechtern und Milieus wiederentdeckt, auch wer an der Idee der Gleichheit der Menschen festhalten möchte, gerät in Schwierigkeiten, wenn diese Gleichheit im sozialen Alltag konkretisiert werden soll. Arbeit: Natürlich begann die Sozialdemokratie als Arbeiterbewegung, und sie sollte dies auch nicht vergessen. Dass sich aber, wie Dahrendorf unterstellte, das Problem der Arbeit – und er meinte wohl: der klassischen Industriearbeit – erledigt hätte, kann trotz aller Veränderungen, die die Arbeit mittlerweile erfahren hat, kaum noch behauptet werden, schon gar nicht im

Weltmaßstab. Und dann die Vernunft. Wie verblendet musste man sein, um zu glauben, dass wir in ein Zeitalter eingetreten seien, in dem der Imperativ der Aufklärung, sich seines eigenen Verstandes zu bedienen, bedeutungslos geworden sei, weil es ohnehin vernünftig, ja zu vernünftig zugehe? Dahrendorf erwartete deshalb sogar die Wiederkehr von Poesie und Religion. Oder gar der Staat. Er, seine Aufgabe, Formen und Funktionen stehen heute ganz anders zur Debatte als am Beginn der Ära des Neoliberalismus, als man glauben konnte, der Staat habe seine Schuldigkeit getan, er könne sich nun aus allen relevanten ökonomischen und sozialen Bereichen zurückziehen, alle wesentlichen Entscheidungen dem Markt überlassen und zu einer kleinen, schlanken Dienstleistungsagentur für seine Bürger mutieren. Heute wissen wir: Ohne Staat geht (fast) gar nichts, aber welche Form dieser Staat annehmen wird, wie sich Staat und Demokratie im nationalen und europäischen Kontext zueinander verhalten, ist eine der brennenden Fragen unserer Zeit. Und dies gilt auch für den Internationalismus. Die Vorreiterrolle der Arbeiterbewegung auf diesem Gebiet konnte Dahrendorf für beendet erklären, da sich die westliche Welt zwar zunehmend als ein transnational formiertes, durch zahlreiche ökonomische und militärische Bündnisse vernetztes Gebilde sah, dem die Überwindung des Nationalismus inhärent zu sein schien, gleichzeitig aber die Renationalisierung für Dahrendorf Zukunft zu haben schien. Die Liberalisierung der Finanzmärkte war nicht gerade das, was die Arbeiterbewegung unter Internationalisierung verstand. Und durch den Zusammenbruch der kommunistischen Regime – den übrigens auch Dahrendorf nicht vorausgesehen hatte – und die danach einsetzende Globalisierungswelle ist diese Frage allerdings alles andere als erledigt. Auch hier erweist sich das etwas vorschnell verkündete Ende der Geschichte als deren Wieder-kehr.

Um es anders zu sagen: Vieles, was in dieser Geschichte tat-sächlich zu den zentralen Elementen, Aufgaben, Zielen und Forderungen der Sozialdemokratie und der Arbeiterbewegung gehört hatte, kehrt – für viele durchaus überraschend – unter geänderten Bedingungen und in neuer Form wieder. Einiges davon, was uns in naher Zukunft erwarten könnte und wor-auf die Sozialdemokratie ihrem historisch verankerten Selbst-verständnis nach Antworten anbieten kann, soll im Folgen-den mit einigen groben Strichen skizziert werden. Im Zentrum steht dabei vor allem das Verhältnis von Staat und Demokratie. 2003 veröffentlichte der britische Politikwissenschaftler Colin Crouch sein seitdem viel diskutiertes Buch »Postdemokratie«. Seine These ist so einfach wie gleichzeitig beunruhigend. Un-ser Gemeinwesen entwickelt sich demnach in Richtung nach-demokratischer Strukturen, »in dem zwar nach wie vor Wah-len abgehalten werden, Wahlen, die sogar dazu führen, dass Regierungen ihren Abschied nehmen müssen, in dem aller-dings konkurrierende Teams professioneller PR-Experten die öffentliche Debatte während der Wahlkämpfe so stark kon-trollieren, dass sie zu einem reinen Spektakel verkommt, bei dem man nur über eine Reihe von Problemen diskutiert, die die Experten zuvor ausgewählt haben. Die Mehrheit der Bür-ger spielt dabei eine passive, schweigende, ja sogar apathische Rolle, sie reagiert nur auf die Signale, die man ihr gibt. Im Schatten dieser politischen Inszenierung wird die reale Politik hinter verschlossenen Türen gemacht: von gewählten Regie-rungen und Eliten, die vor allem die Interessen der Wirtschaft vertreten.«[4] Träfe diese Diagnose zu, wäre es ein Alarmsignal für alle, die in der Demokratisierung einer Gesellschaft ein wesentliches und unverzichtbares Element des politischen und sozialen Fortschritts sehen. Wobei: Crouch hat zehn Jahre später ein Buch unter dem Titel »Jenseits des Neoliberalismus« geschrieben, ein »Plädoyer für soziale Gerechtigkeit«, das sich explizit als Handreichung für die europäische Sozialdemokratie verstand.[5]

Man kann diese Sache aber auch anders sehen. Gehört es nicht zum Wesen der Demokratie, dass nicht alle gleichermaßen aktiv sein können und ein großer Teil der Bürger in der Rolle eines apathischen Zuschauers verharren wird, ohne dass dies die Demokratie gefährden müsste? Erfüllt dieser apathische Zuschauer, wie es der Schweizer Erziehungswissenschaftler Roland Reichenbach formulierte, nicht eine wichtige Funktion? »Wo es nur noch Gladiatoren gäbe und keine Zuschauer, auch keine apathischen, wo sich also die aktivistische Utopie verwirklicht hätte, wäre das Chaos perfekt: Es gäbe kaum Korrekturen (beispielsweise Abwahlen), keine Übersicht, kaum intelligente Kommentare [...] Kurz: Dass das demokratische Ethos auch in der politischen Arena überhaupt verwirklicht werden kann, ist vor allem den Zuschauern zu verdanken.«[6] Entscheidend ist vielleicht nicht nur der Aktivierungsgrad der Bürger, entscheidend ist auch, jene Räume und Möglichkeiten zu schaffen und zu beanspruchen, die es dem Bürger erlauben, die Rolle eines kritischen Beobachters einzunehmen, ohne sich selbst immer schon zu einer Handlung aufgerufen zu fühlen. Aber auch um diese Räume scheint es schlecht bestellt.

Demokratie gibt es seit 2500 Jahren, aber in unterschiedlicher Gestalt. Von der überschaubaren Herrschaft der Bürger, wie sie die antike *Polis* zeitweilig bestimmte, über die römische *res publica* bis zu den neuzeitlichen Formen des Parlamentarismus wandelte sich die Gestalt einer Idee, die, und das scheint entscheidend, Politik als eine öffentliche, gemeinsame Angelegenheit und Herrschaft, als eine vom Volk legitimierte und kontrollierte Form der begrenzten Machtausübung verstanden hatte. Was aktuell zur Debatte steht, ist die Frage, ob die Form der Demokratie, wie sie sich seit 1945 in Europa durchsetzen und etablieren konnte, nicht angesichts fundamentaler gesellschaftlicher und politischer Veränderungsprozesse am Ende des Jahrhunderts in Bedrängnis und in eine Krise geraten ist. Das rührt aber an das moderne Verständnis von Politik überhaupt. Wir beobachten nicht nur eine Erosion und Schwächung klassischer demokratischer Institutionen, sondern überhaupt die Verdrängung des Politischen durch die Interessen der Ökonomie. Es kann aber nicht darum gehen, das Ende oder die Funktionsunfähigkeit der Demokratie zu feiern oder zu beklagen, sondern darum, die Gründe für einen Transformationsprozess zu benennen, dem sich die Demokratie ausgesetzt sieht. In der Tat scheint es einige Indizien dafür zu geben, dass der modernen Demokratie in ihrer repräsentativ-parlamentarischen Gestalt einige – nicht alle – Bedingungen abhandenkommen, die ihren Erfolg und ihre Attraktivität – auch und gerade für die sozialdemokratische Bewegung – ausmachten.

Die moderne Demokratie gründet auf zwei Voraussetzungen: dem Territorialstaat und der Nation, also dem Staatsvolk, gedacht als Einheit freier Bürger. Beides droht zu verschwinden. Nicht nur Konzepte von Transnationalität, wie im Fall der EU, vor allem die ökonomische und telekommunikative Mobilität, die auch eine Mobilität von Kapital und Menschen ist, bringt das Staatskonzept des 19. Jahrhunderts ins Wanken. Urheberrechtsprobleme im Internet, Steuerrechtsprobleme bei internationalen Produktionsprozessen, der nahezu staatenlose

Charakter des mobilen Finanzkapitals und ein zunehmender Migrationsdruck als Resultat eines globalen demografischen, ökonomischen, sozialen und ökologischen Gefälles sind nur die Zeichen eines allmählichen Verschwindens des Staates in seiner vertrauten Gestalt: als einer Gemeinschaft in Grenzen, die aus diesen Grenzen ihre Souveränität als politisches Subjekt bezog.

Die Krise der großen Institutionen ist aber auch eine Krise des Beamtenwesens und damit eine Krise jener bürokratischen Herrschaft, die nach Max Weber am ehesten die rationale Ordnung der demokratisch kontrollierten Macht hätte garantieren sollen. Nach Colin Crouch verbirgt sich hinter der sukzessiven Delegitimierung von Staatsbürokratien nicht nur eine tendenzielle Privatisierung einst öffentlicher Güter, die nun den Marktmechanismen überantwortet werden, sondern auch die Wurzel der aktuell überall zu beobachtenden Korrumpierbarkeit der politischen Eliten: »Sobald die Vorstellung davon, was den öffentlichen Dienst auszeichnet, der Lächerlichkeit und dem Zynismus preisgegeben und das persönliche Profitstreben zum höchsten Ziel des Menschen stilisiert worden ist, muss man damit rechnen, dass Politiker, Berater und andere es für einen wichtigen Aspekt ihrer Beteiligung am politische Leben halten, Einfluss gewinnbringend zu verkaufen.«[7] Erstaunlich, dass trotz aller Korruptionsaffären der vergangenen Jahre und Jahrzehnte dieser Zusammenhang kaum thematisiert wird.

Mit der allgemeinen Mobilität geht allerdings ein radikaler Wandel der politischen Öffentlichkeit überhaupt einher. Diese war bisher von einer Parteienlandschaft geprägt, die ihre Grundstruktur aus dem 19. Jahrhundert bezog und an die Trennung der Gesellschaft in deutlich abgrenzbare soziale Klassen und Schichten anknüpfte. Nach einer Beobachtung des Göttinger Politologen Franz Walter haben sich Struktur und Selbstverständnis traditioneller Parteien seit Mitte des zwanzigsten Jahrhunderts grundlegend gewandelt. Aus Parteien, die in einem sozialen und kulturellen Milieu verankert waren und dieses Milieu über weite Strecken auch gestaltet hatten, sind Interessenvertretungen und Kanzler-Wahlvereine geworden, die in den unterschiedlichsten Gremien, vom Gemeinderat über die nationalen Parlamente bis zum Europaparlament nun ihre Lobbyarbeit für ihre wirkliche oder vermeintliche Klientel verrichten sollen.[8]

Dieser Strukturwandel traf vor allem die Sozialdemokratie, die sich in ihrer Geschichte sehr bewusst als Milieupartei verstanden hatte. Im Rahmen der bürgerlichen Gesellschaft sollte so etwas wie ein Gegenmodell zu dieser eingewoben werden: ein dichtes Netz von Vorfeldorganisationen, sozialen und wirtschaftlichen Institutionen, kulturellen und bildenden Einrichtungen, Volkshochschulen, hygienischen und medizinischen Beratungs- und Versorgungsstellen, Freizeit- und Sportangeboten und nicht zuletzt von Kommunikationsplattformen und eigenen Medien – es gab einmal eine *Arbeiter-Zeitung*. All das sollte eine Lebensform und ein Lebensgefühl ermöglichen, das es dem einzelnen Mitglied nicht nur erlaubte, sich in einem sozialen und kulturellen Biotop zu verankern, sondern in diesem auch Lebens- und Karriereverläufe jenseits der kapitalistischen Wettbewerbsgesellschaft zu planen und zu verfolgen. Mit anderen Worten: Solch eine Partei hatte ihren Anhängern, Mitgliedern und Funktionären mehr zu bieten als eine ehrenamtliche Tätigkeit und die Chance, alle paar Jahre einmal in einer Wahlzelle ein Kreuz zu machen. In dem Maße, in dem diese Angebote verschwunden sind, stellen sich auch die Fragen für eine Partei anders, vor allem in Hinblick auf ein Problem: Wessen Interessen vertritt sie nun? Diese Frage ist alles andere als einfach zu beantworten.

Die sozial- und weltanschaulich gebundenen Parteigängerschaften lösen sich nämlich auch in dem Maße auf, in dem die Menschen in entwickelten Gesellschaften nicht mehr auf eine eindeutige Interessenlage festgelegt werden können. Mit der Einheitlichkeit der Milieus ist auch die Einheitlichkeit einer Interessenlage verschwunden. Fast jeder Mensch in einer modernen Gesellschaft hat unterschiedliche, oft einander widersprechende Interessen. Diese sind im Wesentlichen durch die Chancen bestimmt, die der Einzelne nun im Kampf um Bildung, Einkommen, Erfolg, Karriere, Liebe, Genuss und Anerkennung für sich wahrzunehmen glaubt. Man könnte meinen, es genüge, dafür zu sorgen, dass in diesem Kampf die meisten Menschen ähnlich gute Ausgangschancen haben. Doch, und dies darf nicht vergessen werden: In der Chance lauert auch das »Menetekel des Scheiterns«.[9] In der Chancengesellschaft, die nicht zuletzt auch von der Sozialdemokratie favorisiert wurde und wird, verstehen sich die »Chancenbefähigten nicht mehr als kollektive Akteure, sondern als individuelle Jäger um die Beute des sozialen Aufstiegs, des Prestigegewinns, der materiellen Zusatzgratifikation«, und wer in dieser »individualisierten Schlacht durch rigide Chancen nicht mithält, hat rundum und für allemal verloren«. Unter diesen Bedingungen wäre ein Konzept von Solidarität zu reaktivieren, dem es nicht nur um die Etablierung von Chancengleichheit geht, sondern auch um Angebote für diejenigen, die, gerade weil es Chancengleichheit geben mag, zu den Verlierern zählen: »Die moderne Chancengesellschaft, die den Kontext altsozialdemokratischer Solidarität verlässt, wird eine ziemlich kalte und rohe Angelegenheit.«[10] Solidarität bedeutet, dass den durch eine neoliberale Transformation der Gesellschaft bedingten neuen Formen von Benachteiligungen nicht ausschließlich durch den Verweis auf Erhöhung von Chancengleichheit begegnet werden kann.

Es bedarf unterschiedlicher Konzepte, um den aktuellen Formen von Arbeitslosigkeit, prekären Beschäftigungsverhältnissen, Scheinselbständigkeiten, Leiharbeiter- und Taglöhnerschaft, Abstiegsängsten, aber auch von Wettbewerbsstress, Selbstausbeutung und gnadenloser Konsumorientierung zu begegnen. Dazu gehört auch ein intensives Nachdenken über die Zukunft der Arbeit überhaupt. Nicht nur haben sich die Formen und die Orte der Arbeit gewandelt, es stellt sich immer dringlicher die Frage, ob das Konzept der Lohnarbeit als alleiniger Maßstab für die Lebens- und Überlebensmöglichkeit von Menschen noch ausreicht. So wichtig Vollbeschäftigung als wirtschaftspolitisches Ziel auch sein mag – sich nur darauf und auf das damit verbundene Konzept von ökonomischem Wachstum zu beschränken, wird zu wenig sein. Das Nachdenken über die Möglichkeiten eines bedingungslosen Grundeinkommens könnte ein erster Schritt in ganz anders formierte Arbeitswelten sein. Und – auch wenn es manche nicht gerne hören – es führt kein Weg an der Frage vorbei, wie sich die durch die technischen Revolutionen rasant erhöhten Produktivitätsgewinne gesamtgesellschaftlich realisieren und verteilen lassen. Das Erbe des zu früh verstorbenen österreichischen Sozialministers Alfred Dallinger, der in diesen Fragen noch radikal und zukunftsweisend gedacht hat, harrt noch immer seiner Einlösung.

Der Wandel der politischen Öffentlichkeit ist aber auch dadurch gekennzeichnet, dass immer mehr Bereiche nicht nur von den traditionellen parlamentarisch nur wenig beeinflussbaren gesellschaftlichen Kräften wie Banken, Finanzzirkel, Unternehmen, Handelsorganisationen, aber auch Gewerkschaften oder Religionen mitgeformt werden, sondern von einem zunehmend verwirrenden Netz von Bürgerinitiativen, sozialen Bewegungen und gut organisierten Non-Governmental Organisations (NGOs). Wie immer man die Bedeutung und die reale Macht dieser Bewegungen und Organisationen einschätzen will, Tatsache scheint, dass hier eine diskussionswürdige politische Öffentlichkeit im Verein mit modernen Medien entsteht, die sich den Gesetzen des repräsentativen Parlamentarismus und seiner Parteien tendenziell entzieht und auch als ein weiteres Indiz für die Schwäche der traditionellen politischen Institutionen und traditionellen Parteien gewertet werden kann. Möglich, dass dadurch die Frage nach dem Verhältnis von Politik und Gesellschaft neu gestellt wird und das Schlagwort von der »Demokratisierung der Gesellschaft« sich auf eine Weise realisiert, die schon weit wegführen mag von der Idee des Parlaments, der Idee des kontrollierten und kontrollierenden Diskurses. Es scheint unabdingbar, dass Elemente der direkten Demokratie stärker als bisher verankert werden müssen, gerade dort, wo die Menschen an ihren unmittelbaren Lebensverhältnissen gestaltend mitwirken sollen. Wie weit man dabei gehen kann, ohne den Boden des Parlamentarismus zu verlassen, ist nicht zuletzt auch ein Indikator für den Entwicklungsstand einer Demokratie.

Natürlich ist auch die Entwicklung der Medien und der Telekommunikation im Begriff, die Möglichkeiten und Formen der Demokratie zu verändern. Verzerrt auf der einen Seite die Omnipräsenz des Fernsehens jenen abwägend-argumentativen Diskurs der Regierenden und der Wähler in Richtung kurzlebiger bildindizierter Affekte, so bilden sich auf der anderen Seite neue Kommunikationsmöglichkeiten und sogenannte soziale Netze, die, gekoppelt an technische Imperative, die kaum einer politischen Kontrolle unterliegen, die Frage nach gesellschaftlicher Macht und Teilhabe an dieser Macht neu stellen. Die Vorstellung, dass Demokratie zu einer permanenten Talkshow mutiert, die sich zwanglos in die Fernsehunterhaltung einfügt, und dadurch Politik entweder unmöglich geworden ist oder an einem anderen, nicht mehr einsehbaren Ort stattfindet, könnte so unrealistisch nicht sein. Umgekehrt entstehen mit den neuen Kommunikationsverhältnissen neue Formen von Macht, die sich als Zugriffsmöglichkeiten auf digitalisierte Kommunikationen darstellen und ihren eigenen virtuellen Raum erzeugen, von denen noch überhaupt nicht gesagt werden kann, was in diesem Kontext Demokratie heißen kann. Ist die Mobilisierung von *Facebook*-Freunden Demokratie? Ist ein spontan organisierter *Flashmob* Demokratie? Ist eine medial verstärkte *Twitter*-Empörung Demokratie? Ist die Auslösung eines *Shitstorms* Demokratie? Oder umgekehrt: Stellt eine Welle von Hasspostings in den sozialen Netzwerken schon eine Gefährdung der Demokratie dar? Lassen unappetitliche Internetaktivitäten die Gesellschaft in eine autoritäre Verfassung kippen? Und über allem schwebt das Damoklesschwert der totalen digitalen Überwachung und Kontrolle durch Privatkonzerne, Staaten und Geheimdienste. Auch Zensur im Netz, aus welch edlen Motiven auch immer eingeführt, bleibt Zensur. Die von hellsichtigen Beobachtern geäußerte Befürchtung, dass die Digitalisierung der Gesellschaft nicht nur für Transparenz sorgt, sondern auch einen Angriff auf die Freiheit der Menschen in einer bisher ungeahnten Art und Weise darstellt, sollte ernst genommen werden.[11]

Jenseits der Frage, wie Demokratie heute zu denken ist, bleibt jedoch die von Colin Crouch geäußerte Besorgnis, dass jede Variante von Demokratie heute nur noch ein Spiel an der Oberfläche darstellt, hinter der sich die Wirtschaftsakteure und Profitinteressen als die eigentlich treibenden Kräfte ohne jede politische Kontrolle durchsetzen. Die Frage nach dem Staat ist heute immer auch die Frage, welche Mittel und Wege staatlichem Handeln noch zur Verfügung stehen, um ordnungspolitische Aufgaben zu erfüllen und jene Regeln zu definieren und zu setzen, die den Menschen nicht nur ihre Freiheit garantieren, sondern auch davor schützen, dass alle Lebensbereiche den Prinzipien des Marktes beziehungsweise den Interessen monopolähnlicher Marktbeherrscher unterworfen werden. In seinem Buch »Was man für Geld nicht kaufen kann« hat der amerikanische Philosoph Michael Sandel die These vertreten, dass man zwischen einer »Marktwirtschaft« und einer »Marktgesellschaft« unterscheiden müsste: »Eine Marktwirtschaft ist ein Werkzeug – ein wertvolles und wirksames Werkzeug – für die Organisation produktiver Tätigkeit. Eine Marktgesellschaft jedoch ist eine Lebensweise, in der das Wertsystem des Marktes in alle Aspekte menschlicher Bemühung eingesickert ist. Sie ist ein Ort, an dem alle sozialen Beziehungen marktförmig geworden sind.«[12] In einer Marktgesellschaft steht tatsächlich alles zum Verkauf: menschliche Bindungen, Familienleben, medizinische Versorgung, Bildung, nationale Sicherheit, Zugehörigkeiten. Ein Beispiel dafür: Früher hatte Staatsbürgerschaft noch irgendetwas mit der Identifikation eines Menschen mit einem politischen Gemeinwesen zu tun oder – man denke an Ehrenbürgerschaften – war Ausdruck für Verdienste um eine politische Gemeinschaft. Heute ist es etwas, was in Malta etwa 650 000 Euro kostet. Wer kein Geld hat und nach Europa will, ertrinkt womöglich vor Lampedusa; wer Geld hat, ist binnen weniger Minuten EU-Bürger. Wenn man Staatsbürgerschaften, die ja einen hoheitlichen Akt darstellen, kaufen kann, warum dann nicht auch Gerichtsurteile, Diplomzeugnisse, Doktorate, Wählerstimmen und die Wahrheit?

In vielen Bereichen der Güterproduktion und der Dienstleistungen ist der Markt ein hervorragendes Instrumentarium. Aber heißt das, dass wir alle Lebensbereiche – von Wissenschaft und Bildung über das Rechts- und Gesundheitssystem bis zu Kunst und Kultur – nach vermeintlichen Marktprinzipien organisieren müssen und diese als künstliche, »sinnlose Wettbewerbe« oft überhaupt erst einführen müssen, was wohl zu Hektik, Stress und fiktiver Konkurrenz – etwa dank des umstrittenen PISA-Tests zwischen österreichischen und südkoreanischen Schulen –, aber zu keiner Verbesserung dieser Sphären führt?[13] Es gehört auch zu den großen Aufgaben unserer Zeit, sich dieser Frage bewusst zu werden und nach Möglichkeiten einer sinnvollen Grenzziehung zwischen Markt und Gesellschaft zu suchen. Viel wäre schon gewonnen, wenn man zumindest davon ausgehen könnte, dass Dinge, auf die Menschen einen Rechtsanspruch haben, nicht den Märkten allein überantwortet werden können, denn Märkte schaffen Optionen nur für zahlungsfähige Marktteilnehmer, Menschenrechte aber können nicht an Zahlungsfähigkeit gekoppelt sein. Diese Grenze zwischen dem Markt und den Erfordernissen des Gemeinwohls zu diskutieren und zu ziehen, ist allerdings selbst eine politische Aufgabe.

Das Verhältnis von Staat, Markt, Gesellschaft und Demokratie lässt sich allerdings auch von einer anderen Seite beleuchten. Neben der neoliberalen Kritik am unnötigen und unzulänglichen Staat gibt es auch eine Tendenz, den Staat für jedes soziale oder gesellschaftliche Defizit in die Verantwortung und Pflicht zu nehmen. Es ist zu viel verlangt, dass der Staat alle Ungerechtigkeit und Ungleichheit durch Verordnungen, Gesetze und Zuwendungen zu beseitigen hätte. Es besteht die Gefahr, dass der Staat letztlich zu einer moralischen Anstalt degradiert wird, in der ständig das Gute und moralisch Richtige beschworen wird, für die entscheidenden Aufgaben aber die Kraft und die Macht fehlt. Kann es wirklich Aufgabe des Staates sein, nicht nur für einigermaßen gerechte Rahmenbedingungen zu sorgen, sondern gleich das individuelle Glück seiner Bürger zu bestimmen und zu garantieren?

Wilhelm von Humboldt, den manche – zu Unrecht – für einen verstaubten Bildungstheoretiker halten, hat einmal ein Buch geschrieben mit einem seltsam sperrigen Titel: »Ideen zu einem Versuch, die Grenzen der Wirksamkeit des Staates zu bestimmen«. Tatsächlich stehen wir heute, mehr denn je, genau vor dieser Aufgabe. Wo endet die Freiheit des Einzelnen und beginnt die Verantwortung des Staates? Wo endet die Wirksamkeit des Staates und beginnt die Verantwortung des Einzelnen? Nach welchen Regeln können, wollen oder müssen Menschen unterschiedlichster Herkunft und mit unterschiedlichen Überzeugungen miteinander leben? Welche Bereiche auch des alltäglichen Lebens müssen nach einheitlichen Gesichtspunkten geordnet, welche können individuellen Konzepten überlassen werden? Wann muss ich mich auf Unterstützung, Hilfe und Solidarität verlassen können? Die Formel »So viel Freiheit wie möglich, so viel Staat wie nötig«, mag gut klingen, sie ist aber eher als Aufforderung zu verstehen, sich über das Verhältnis von individuellen Freiheitsansprüchen, sozialen Absicherungen und gesellschaftlichen Notwendigkeiten überhaupt erst einmal wieder klar zu werden.

Vor einem allerdings ist unbedingt zu warnen: dass der

Staat und die politischen Kräfte, die ihn repräsentieren und gestalten, in ihrer Funktion darauf reduziert werden, die Verluste und Folgekosten der Liberalisierung aufzufangen. Dies wäre ein Staat in seiner Schwundstufe, ein Staat der Armen, ein Staat, der nicht mehr als politisches Subjekt, sondern nur noch als Hort und Zuflucht der Ausgeschiedenen und Erfolglosen fungiert, ein Staat, der von den nicht sonderlich begüterten Unselbständigen und Immobilen jene Steuern einfordert, die notwendig sind, um die Armen und Arbeitslosen zu unterstützen und eine gerade noch ausreichende Infrastruktur für jene aufrechtzuerhalten, die sich die Qualitäten privater Anbieter nicht leisten können – zumindest so lange, bis auch diese Gelder zur Rettung von Banken verwendet werden müssen. Dies zumindest könnte das drohende Schicksal des öffentlichen Bildungs- und Gesundheitswesens, des kommunalen Wohnbaus, des öffentlichen Verkehrswesens und der öffentlichen Sicherheit sein. Reichtum, Macht, Erfolg, Kompetenz und Wissen, zunehmend auch das Recht der Gewaltausübung wären dann im Begriff, sich zu entstaatlichen. Die aus Ländern der Dritten Welt bekannten abgezirkelten Wohn- und Arbeitsbezirke der Wohlhabenden, mit eigener Infrastruktur und eigenem Wachpersonal, könnten als Resultat des rasanten Aufgehens der Einkommensschere nicht Auswuchs, sondern allgemeiner Trend sein. Spiegelverkehrt entspräche diesem Trend übrigens, dass sich die untersten und ärmsten Schichten in den Vorstädten und Slums der Metropolen jenseits der Legalität organisieren und so ebenfalls aus dem Einfluss- und Machtbereich des Staates fallen. Und nicht zuletzt könnten unter dieser Perspektive bestimmte Formen der organisierten Kriminalität als partielle Privatisierung des staatlichen Gewaltmonopols und der Steuerhoheit interpretiert werden. Aber auch migrantische Parallelgesellschaften mit eigenen Rechtssystemen und Sicherheitsstrukturen signalisieren einen Rückzug des Staates. Damit allerdings wäre die moderne Staatsidee, die seit Thomas Hobbes den Staat immer auch als jenes legitimierte und kontrollierte Gewaltmonopol verstanden wissen wollte, das die Voraussetzung für ein Minimum an Sicherheit und sozialer Gerechtigkeit darstellt, ohne das ein halbwegs zivilisiertes Zusammenleben der Menschen unmöglich scheint, endgültig konterkariert.

Demokratie und Staat und die damit verbundenen Fragen von Gleichheit, Freiheit und Gerechtigkeit sind in der Moderne untrennbar aneinander gekoppelt. Unter den Bedingungen der Gegenwart lassen sich die traditionellen Formen dieses Verhältnisses offenbar nicht mehr aufrechterhalten. Was nottut, ist ein Konzept von Demokratie, das auf neue ökonomische und technische Entwicklungen zu reagieren weiß, ohne die Errungenschaften des repräsentativen Parlamentarismus auf nationalstaatlicher und europäischer Ebene weiter zu schwächen. Was nottut, ist ein europäisches Staatskonzept, das den Staat mehr sein lässt als einen Verwalter der Armut, ohne dass aber der Bürger in seinen ökonomischen, sozialen und weltanschaulichen Freiheiten mehr eingeschränkt würde, als unbedingt sein muss. Was nottut, ist eine breite Auseinandersetzung mit der Frage, wo die Grenzen zwischen Markt, Macht und sozialer Gerechtigkeit verlaufen. Was nottut, ist eine Debatte darüber, wie weit die Merkantilisierung der Gesellschaft und des Lebens denn tatsächlich gehen soll. Was nottut, ist eine Wiedergewinnung des Politischen.

DER BÜRGER UND
SEINE PARTEI

Über Freiheit, Leistung
und Verantwortung

Der Bürger und seine Partei – die Doppeldeutigkeit dieses Titels umreißt die Fragen, denen es sich zu stellen gilt. Der Bürger: Das war einmal der Angehörige eines definierten sozialen Standes mit bestimmten Interessen, Lebensformen und Werten, die sich in einer politischen Partei artikulieren und ausdrücken sollten. Und der Bürger ist das Mitglied einer politischen Gemeinschaft, das je nach Lebenslage, Herkunft, Sozialisation und Perspektiven unterschiedliche, oft divergierende und rasch wechselnde Interessen, Präferenzen und Lebenskonzepte vertritt, die sich nur noch schwer im Angebot einer Partei fassen lassen und zu einer Fluktuation im Bekunden politischer Vorlieben führt. Traditionelle Weltanschauungsparteien mit starken Wurzeln in einer bestimmten sozialen Schicht werden mit den offenen und sich rasch wandelnden Konzepten einer Multioptionsgesellschaft konfrontiert, in der lange Bindungen ebenso fraglich geworden sind wie klare, konturierte politische oder moralische Positionen und Konzepte. Mit anderen Worten: Der Hang zu einer eher diffusen, aber breiten Mitte ist unübersehbar, die Profilbildung wird schwieriger. Kurzfristig verschafft dies in Krisensituationen aber radikalen

Gruppierungen Erfolge, da diese jene eindeutigen Angebote machen können, zu denen die Parteien der Mitte aus wahlstrategischen Überlegungen und inhaltlicher Unentschiedenheit nicht finden können.

Die Partei, die, wie der Name schon sagt, einen Teil des politischen Spektrums und damit der Gesellschaft vertritt und diesem Teil – einer definierten sozialen Klasse oder Gruppe – Macht und Einfluss verschaffen will, verbunden mit klaren Vorstellungen, wie das Ganze – der Staat oder die Gesellschaft – organisiert sein und welche Entwicklung dieses nehmen soll, ist als politisches Modell in die Krise geraten. Die Politikwissenschaft spricht dann vom Wegbrechen der Kernschichten und Stammwähler. Und diese brechen nicht nur deshalb weg, weil sie sich in einer Partei nicht mehr wiederfinden können oder durch sie kaum noch vertreten fühlen, sondern auch, weil diese Kernschichten entscheidenden Transformationen unterworfen sind, die ihre Interessenlagen radikal verändern und verschieben können. An der Geschichte des Bürgertums und seiner politischen Vertretung könnte man dies wunderbar illustrieren.

Diese Geschichte ist schnell erzählt: Im Jahre 1789 konstituierte sich das Bürgertum als Dritter Stand und erklärte sich zur Nation. In dieser Konfiguration dominierte es das 19. Jahrhundert. Zu Beginn des zwanzigsten Jahrhunderts war das Bürgertum als homogene gesellschaftliche und politische Kraft nahezu verschwunden. »Am Vorabend des Ersten Weltkrieges«, so der bedeutende Historiker Wolfgang J. Mommsen, »gab es das Bürgertum als besonderen Stand oder als in sich geschlossene Gesellschaftsschicht nicht mehr.«[1] Es ist das von Eric Hobsbawm so genannte »lange 19. Jahrhundert«, das man einigermaßen zutreffend als bürgerliches Zeitalter beschreiben kann.[2] Natürlich ist der Begriff des Bürgers schillernd und mehrdeutig. Seine entscheidende ökonomische, soziale und politische Bedeutung erlangte das Bürgertum mit dem aufkeimenden Kapitalismus, in dem zuerst Handel und Geldwirtschaft, dann die industrielle Produktionsweise zu dominierenden Faktoren wurden. Diese Entwicklung transformierte die Bürger zu jener Bourgeoisie, die sich Ende des 18. Jahrhunderts selbstbewusst gegen die Vorrechte von Adel und Klerus auflehnte und es verstand, unterstützt von der Philosophie der Aufklärung, ihre Interessen als allgemeine Menschenrechte zu formulieren. Kern dieser Bourgeoisie waren die großen Unternehmer- und Bankiersfamilien, Fabrikanten und Handelsherren, die zu den Trägern einer ungeheuren Umwälzung der Gesellschaft wurden. Zentral war für diese Schicht die ökonomische Macht, die sich im Eigentum an Produktionsmitteln, Kapital und Waren manifestierte. Ihre Antriebsfeder war, zumindest nach Max Weber, eine protestantisch gefärbte Ethik, die eine asketische Lebensführung mit einem rastlosen Gewinnstreben verband, ihre Werte waren – so der Literaturhistoriker Heinz Schlaffer – im Privaten die Familie, die Tugendhaftigkeit und die Frömmigkeit, im Öffentlichen die Freiheit, die Tat und der Fortschritt.[3] Es war diese Bourgeoisie, auf die niemand anderer als der vielgeschmähte Karl Marx den noch immer schönsten Lobgesang angestimmt hatte: »Die Bourgeoisie hat in der Geschichte eine höchst revolutionäre Rolle gespielt. Die Bourgeoisie, wo sie zur Herrschaft gekommen, hat alle feudalen, patriarchalischen, idyllischen Verhältnisse zerstört.«[4]

Spätestens in der zweiten Hälfte des 19. Jahrhunderts wurde deutlich, dass das Bürgertum aus unterschiedlichen sozialen Komponenten zusammengesetzt war, die durchaus differente und divergente Interessen aufwiesen. So gab es natürlich noch immer die Kernschichten des städtischen Bürgertums, Kaufleute, Gewerbetreibende, Handwerksmeister, dann Freiberufler wie Ärzte, Rechtsanwälte oder andere anspruchsvollere Dienstleister, es gab die Vertreter der klassischen Bourgeoisie – die Unternehmergestalten der »Gründerzeit« –, und es gab vor allem in Deutschland und Österreich das Bildungsbürgertum, das, sich stützend auf die Philosophie und Pädagogik des deutschen Idealismus, mangelnden ökonomischen Besitz und mangelnde politische Macht durch den Erwerb von Bildungsgütern kompensierte. Die wachsenden staatlichen Bürokratien und der Siegeszug der modernen Wissenschaften schufen mit dem gehobenen Ministerialbeamten und mit dem beamteten Universitätsprofessor die Prototypen dieser Facette des bürgerlichen Standes. Dem Bildungsbürgertum galt die Bildung übrigens nicht so sehr als Voraussetzung für ökonomischen Erfolg, sondern als ein Wert an sich, dessen Aneignung mit entsprechender sozialer und pekuniärer Anerkennung honoriert werden sollte.

Kern des bürgerlich-humanistischen Bildungsbegriffs war der Kanon an exemplarischen Werken der europäischen Literatur, der Kunst, der Musik und Philosophie gewesen, mit starker Ausrichtung an den stilbildenden Werken der klassischen Antike.[5] Dieses Kunstverständnis drückte sich in der Konstruktion von Nationalliteraturen und der Nationaltheater aus, in bürgerlichen Kunstsammlungen und in der Aneignung und Neuschaffung von Opern- und Konzerthäusern, in jenen Musentempeln also, die zu den architektonischen und gesellschaftlichen Zentren des gehobenen bürgerlichen Lebensstils und zu einem wesentlichen Identitätsmerkmal des europäischen Bürgertums wurden. Die Architektur der Wiener Ringstraße kann auch als Stein gewordener Ausdruck dieses Programms verstanden werden.

Der Anspruch des Bildungsbürgertums lag darin, dass diese Kultur zwar auf eine exklusive Schicht beschränkt war, aber als Norm und Maßstab für die Kultur eines Landes überhaupt gelten sollte. Fällt dieser Maßstab weg, entsteht jene geistige Beliebigkeit und Gleichgültigkeit, die sich in der aktuellen Wende zur »Kompetenzorientierung« ausdrückt, und der es nur noch um Fähigkeiten, nicht um Kenntnisse, nur noch um Bereitschaften, nicht um geistige Inhalte, nur noch um Anwendbarkeit, nicht um Haltung geht. Diese Kenntnisse der europäischen Kulturen aber sind die einzige sinnvolle Basis einer europäischen Identität. Man kann ja für eine europäische Verteidigungsgemeinschaft eintreten, aber dies wird wenig nützen, wenn die Menschen, die für Europa einstehen und im Ernstfall auch kämpfen sollen, von diesem Europa, seiner Geschichte und seiner Kultur, seinen Werten und seinen Konfliktlinien keine Ahnung mehr haben.

Verschwunden ist das Bürgertum aber aus zwei Gründen. Einmal, weil eine differenzierte Gesellschaft mit vielfältigen Lebens- und Beschäftigungsmodellen und starker sozialer Mobilität nicht mehr auf eindeutige soziale Gruppierungen reduzierbar ist, und zum anderen, weil das Bürgertum mit seinen Werten, Lebensformen und Konzepten so erfolgreich war, dass diese wenn nicht für alle, so doch für viele, wenn auch in mitunter verwässerter Form, maßgeblich wurden. Mittlerweile lösen sich allerdings solche ehemals standesgebundenen Konzepte im aktuellen Pluralismus der Lebensstile auf. Ursprünglich bürgerliche Prinzipien wie Rechtsstaatlichkeit, die Gleichheit der Menschen, die Idee der Menschenrechte, das Prinzip der Freiheit und das Prinzip, dass soziale und ökonomische

Positionen Resultat von individueller Leistung und nicht von Standesprivilegien sein sollen, haben sich ebenso allgemein durchgesetzt wie das Prinzip der Brüderlichkeit als gemeinschaftliches und genossenschaftliches Konzept des Zusammenlebens und der gegenseitigen Hilfe. In der Realität allerdings geraten diese Ideen immer wieder unter Druck, nicht zuletzt durch die Dynamik der bürgerlichen Gesellschaft selbst.

Wie steht es also heute mit den zentralen Tugenden und Werten des einstigen Bürgertums, die zur Grundlage einer modernen Gesellschaft gehören und universalisiert worden sind, aber in vielen Aspekten immer wieder in Frage gestellt und neu bestimmt werden müssen, wie steht es also mit solch elementaren Kategorien wie Leistung, Freiheit und Verantwortung? Diese werden gerne als »klassisch konservativ« charakterisiert. Das ist allerdings etwas ungenau, denn auch sich selbst als progressiv verstehende politische Positionen kommen ohne diese Konzepte nicht aus. Nicht diese Begriffe, wohl aber eine bestimmte Auslegung derselben könnte als konservativ bezeichnet werden. Entscheidend für jede Partei, die sich diesen Werten verpflichtet fühlt, ist aber, dass diese tatsächlich interpretationsbedürftig geworden sind und in einer sich rasch wandelnden Welt neu diskutiert und adaptiert werden müssen.

Je mehr in einer modernen Gesellschaft zum Beispiel von Leistung die Rede ist, desto unklarer wird, was darunter zu verstehen ist. Geht es um die Schaffung von Arbeitsplätzen? Geht es um private Arbeit für private Unternehmen? Um eine kreative und produktive Tätigkeit für die Gesellschaft? Um den Beitrag der vielen zur Geldvermehrung der wenigen? Um nachhaltige Interventionen für die Zukunft? Und welche Art von Tätigkeit wird als besonders wertvoll erachtet und dementsprechend honoriert? Der Einsatz für das Leben anderer Menschen? Der Einsatz für Natur und Umwelt? Der Einsatz für Kultur, Wissenschaft und Bildung? Der Einsatz für die Unterhaltungsindustrie? Der Einsatz für die Zerstörung und Ausbeutung der Erde? Der Einsatz für Profite und gewinnträchtige Spekulationen?

Leistung gilt als das entscheidende Kriterium, an dem wir die Aktivitäten von Menschen messen, und Leistungsbereitschaft ist neben Teamfähigkeit, Mobilität und Flexibilität eine der neuen Kardinaltugenden. Nun machen Menschen im Lauf eines Tages alles Mögliche, aber wann leisten sie dabei etwas? Leistung ist ein Begriff, der aus der Physik in die Gesellschaft gewandert ist und dort zu einer umfassenden, alle Lebensbereiche durchdringenden Kategorie geworden ist: Arbeit in der Zeiteinheit. Es geht darum, in einem bestimmten Zeitraum ein bestimmtes Quantum an Arbeitsschritten (welcher Art auch immer) zu erledigen. Die Karriere der Leistung ist so eng verbunden mit der Karriere der Arbeit und dem Ideal messbarer Effizienz. Wer diesen Kriterien genügt, der hat auch Erfolg, den können wir erlösen. Wer nur strebend sich bemüht, ist, anders als Goethes Faust, der Leistungsgesellschaft nicht der Rede wert.

Was aber heißt nun, effizient zu arbeiten? Denn natürlich kann man auch trödeln, etwas verplanen, umständlich sein, die Muße pflegen oder überhaupt dem alten Laster der Faulheit frönen. Dem österreichisch-amerikanischen Managementguru Peter Drucker wird folgender Ausspruch zugeschrieben: »Das Geheimnis der Japaner ist eben, dass sie arbeiten und nicht Vorträge darüber halten.« Wahrscheinlich hat Drucker das gesagt, als alle vor der aufstrebenden Wirtschaftsmacht Japan zitterten, viel von der japanischen Herausforderung und dem japanischen Jahrhundert die Rede war. Heute ist Japan ein krisengeschütteltes Land mit immenser Verschuldung, ein Land, das noch Jahrhunderte mit den Folgen des Reaktorunglücks von Fukushima technisch, ökonomisch und sozial beschäftigt sein wird. Wäre es nicht zynisch, könnte man sagen: Hätten die Japaner nur etwas weniger gearbeitet, dafür aber mehr Vorträge gehalten und vor allem gehört, stünde dieses Land heute vielleicht besser da.

Effizienz allein besagt noch gar nichts. Effizienz bedeutet vorerst nur, vorgegebene Ziele in einem vorgegebenen Zeitraum möglichst rasch und möglichst kostengünstig zu erledigen. Wir streben nach Effizienz, weil wir glauben, dann mehr in unserem Leben unterzubringen. Hinter der Rede von der Effizienz verbirgt sich die angstbesetzte Vorstellung, man könnte etwas versäumen oder ein anderer könnte schneller sein. Natürlich ist dies ein Irrglaube, aber es stört niemanden. Wo alles nach den Maßstäben der Effizienz berechnet wird, verschwindet die Kultur. Wo die Kultur verschwindet, verschwindet alles, was das Leben lebenswert macht. Eine durch und durch effiziente Welt wäre eine Welt ohne Menschen, also letztlich für uns ineffizient.

Numerische Effizienz allein ist kein sinnvolles Kriterium für den Erfolg einer Handlung, einer Unternehmung, einer Idee. Auch der Erfolg hat viele Facetten, viele Ursprünge, viele Gesichter und viele Erscheinungsformen. Erfolg stellt sich ein, so hören wir immer wieder, wenn vorgegebene oder selbstgesteckte Ziele unseres Handelns erreicht werden. Bis zu einem gewissen Grad hängt das Erfolgserlebnis immer davon ab, wie man diese Ziele definiert. Man kann sich Ziele hoch stecken oder bescheiden sein, man kann utopische Ziele formulieren oder auf realistische Einschätzungen setzen, man kann das

Menschenmögliche anvisieren oder irreale Utopien und das Paradies auf Erden als Zielvorstellung formulieren. Sehr oft, vor allem in der Politik, aber auch in der Wirtschaft oder in der Wissenschaft, werden Zielvorgaben gemacht, die so überzogen sind, dass am Ende entweder die Verzweiflung oder der Selbstbetrug stehen.

Allerdings sind die Bedingungen, die solch ein effizientes Handeln ermöglichen, selten klar. Das beginnt schon bei den Zielen. Sind diese fragwürdig, wird es auch die effiziente Verfolgung derselben. Natürlich gibt es Verbrecher aller Arten, die effizient arbeiten. Der Drogen- und Menschenhandel unserer Tage dürfte höchst effizient organisiert sein, und die Nationalsozialisten waren in vielen Bereichen, nicht zuletzt bei der massenhaften Ermordung von Menschen, sogar ganz besonders effizient. Mehr Schlamperei und Leerlauf hätte in diesen Fällen Menschenleben retten können. Oder: Im Abbau, der Zerstörung und dem Verbrauch natürlicher Ressourcen sind wir höchst effizient – unsere Kinder werden das vielleicht anders sehen und uns mindestens Kurzsichtigkeit, Egoismus und Dummheit, wenn nicht noch Schlimmeres vorwerfen. Und wer etwas effizient in kurzer Zeit erledigt, muss dies nicht immer mit der notwendigen Qualität und Umsicht tun. Manche Dinge brauchen eben mehr Zeit, als ihnen eine rein effizienzbasierte Berechnung zugesteht: Bildung zum Beispiel oder Liebe. Ohne Nachdenken über den Wert und Sinn der Ziele unseres Handelns verliert jede Effizienz ihre Bedeutung. Natürlich kann man auch den Unsinn und die Barbarei effizient organisieren – aber das ist kein Trost.

Eine besondere Paradoxie des modernen Effizienzgebots liegt auch darin, dass Versuche, die Effizienz zu steigern, zu mehr Ineffizienz führen können. Wer kennt nicht die berechtigten Klagen über anschwellende und effizienzhemmende Bürokratien als Folge von Evaluierungs-, Steuerungs- und qualitätssichernden Maßnahmen? Wer hat nicht die Erfahrung gemacht, dass im Zuge von Rationalisierungen auch all das wegrationalisiert wird, was nur dem oberflächlichen Blick eines externen Beraters als ineffizient erschien, für den effizienten Ablauf eines Prozesses aber unbedingt notwendig war? Es gibt implizites Wissen von Mitarbeitern, Erfahrungen, schlummernde Fähigkeiten, Menschenkenntnis und emotionale Sensibilitäten, die nichts zu einer unmittelbaren Effizienzsteigerung beizutragen scheinen, ohne die aber vieles nicht mehr erledigt werden könnte.

Aber auch in der Wissenschaft muss Effizienz nicht das oberste Gebot sein. So kann es notwendig sein, eine teure und aufwendige Versuchsreihe immer wieder zu wiederholen, nur um herauszubekommen, dass eine Hypothese nicht stimmt. Das ist ziemlich ineffizient, aber zur Wahrheit gelangt man nur, indem man den Irrtum riskiert. Teilchenbeschleuniger zum Beispiel gehören so zu den ineffizientesten Einrichtungen unserer Welt – unglaublich teuer in Errichtung und Betrieb, aber ohne jede Garantie für mögliche Erkenntnisse oder praktisch anwendbare Ergebnisse. Die unbändige Neugier des Menschen, der wir unsere Wissenschaft und unsere Technik verdanken, ist oft auch ein Ausdruck von Ineffizienz. Grübler, Sammler, Tüftler, alle, die von einer Idee, einer Frage besessen sind – sie gehören in der Regel nicht zu den Effizienten. Die um sich greifende Unsitte, wissenschaftliche Leistungen vorrangig nach publizierten Seitenzahlen, Publikationsorten und der Zitierhäufigkeit zu bewerten und zu beziffern, erstickt letztlich genau das, was Wissenschaft ausmacht: den Diskurs, das Abwägen von Argumenten, die lebende Auseinandersetzung, das Abseitige, mitunter Verschrobene, das Originelle und Überraschende.

Manchmal kann es effizient sein, nicht nach Effizienz zu streben. Kreativität, Geist und neue Ideen lassen sich nicht nach Fünfjahresplänen produzieren. Und die Gestalt und der Charakter menschlicher Arbeit ändern sich in einem atemberaubenden Maß. Der gefeierte und gefürchtete Prozess der Digitalisierung deutet eine Gesellschaft an, in der viele Formen der Arbeit verschwinden oder zurückgehen werden. Allerdings führt dies kaum dazu, dass Menschen sich nun von einem Joch befreit fühlen und sich anderen Dingen zuwenden können, sondern eher zu veritablen Verlust- und Existenzängsten. Irgendwann einmal werden wir nicht umhinkönnen, uns den Kopf über ökonomische und soziale Rahmenbedingungen zu zerbrechen, die es erlauben, die Effekte der Automatisierung auch zu genießen. Nicht alles, was messbar ist, ist schon ein Erfolg, und nicht jeder Erfolg ist messbar. Das, was für eine Gesellschaft, aber auch für den Einzelnen, eine Leistung sein kann, hängt von so vielen Faktoren ab, dass die Orientierung allein an quantifizierbaren Steigerungen eine unglaubliche Beschneidung der Lebens- und Leistungsmöglichkeiten darstellt. Dazu kommt, dass man sich des Eindrucks nicht erwehren kann, dass die öffentliche Anerkennung und finanzielle Honorierung von Leistungen in einem verkehrt proportionalen Verhältnis zu ihrer moralischen und ethischen Wertigkeit steht. Tätigkeiten im Pflege- und Betreuungsbereich, Tätigkeiten in der Erziehung und in der Bildung, Tätigkeiten, die die Infrastruktur und Versorgung einer Gesellschaft gewährleisten, körperliche Arbeiten, die nach wie vor in hohem Maße gefährlich und gesundheitsbeeinträchtigend sein können, werden traditionell moralisch hoch bewertet und sehr schlecht bezahlt.

Tätigkeiten im Finanzsektor, Spekulationen, Erfolge in der Unterhaltungsindustrie und Massenkultur und das nackte Gewinnstreben auf Kosten von Mensch und Umwelt werden moralisch eher negativ beurteilt, aber extrem gut bezahlt. Die Einkommensschere dokumentiert auch diesen Widerspruch. Und dazu kommt: Wer tagtäglich arbeitet, und sei es bis zur Erschöpfung, wird nie ein nennenswertes Einkommen beziehen; wer Glück beim Spekulieren hat oder eine Idee gut vermarktet, kann es mitunter in jungen Jahren zum Milliardär bringen. Wir müssten, nicht nur angesichts der Krise, zu einer neuen Hierarchie gesellschaftlich wichtiger und anerkannter Leistungen kommen, die sich auch in der ökonomischen Anerkennung ausdrücken sollte. Wie sähe eine Welt aus, in der Banker so viel verdienten wie Grundschullehrer und Grundschullehrer so viel wie Banker, in der das Pflegen von Menschen zu den bestbezahlten Berufen gehörte und der Einsatz für nachhaltige Entwicklungen nicht nur symbolisch akklamiert, Naturzerstörungen aber auch finanziell unrentabel würden? Wie effizient wäre solch eine »Leistungsgesellschaft«? Und wie erfolgreich? Und wenn uns bei diesem Gedankenexperiment ein Unbehagen beschleicht, dann sollten wir uns zumindest fragen, warum sich manche Leistungen aller Rhetorik zum Trotz offenbar einfach nicht lohnen dürfen.

Damit stellt sich die Frage nach der Verantwortung: im Großen und im Kleinen, im Leben des Einzelnen und in der Gesellschaft. Hier geht es vor allem um zwei Fragen: Wie steht es mit der Verantwortlichkeit für jene sozialen, ökonomischen, technischen Prozesse, die unser Leben entscheidend beeinflussen, unsere Umwelt verändern und die Zukunft präformieren? Und wo liegen die Möglichkeiten und Grenzen der Selbstverantwortung?

Machen wir uns nichts vor: Ist von Verantwortung die Rede, lauert im Hintergrund auch schon die Lüge. Ein Beispiel? »Verantwortung kennt keine Grenzen.« Mit diesem Slogan bewarb der VW-Konzern vor dem Abgasskandal seine angeblich führende Rolle in Sachen *Corporate Social Responsibility*. Noch kurz vor seinem Rücktritt konnte der Vorstandsvorsitzende Martin Winterkorn verkünden: »Mit dem Wachstum des Konzerns wächst auch seine Verantwortung – für sichere und gute Arbeitsplätze, für die Ausbildung und die Chancen der jungen Generation, für Bildung, Wissenschaft und Kultur, für eine Gesellschaft, in der jeder Mensch seine Talente entfalten kann, und vor allem auch: für eine intakte Umwelt.« Hier hatte sich wohl jemand mit seinem Anspruch auf grenzenlose Verantwortung übernommen. Während mit großer Geste die Verantwortung für nahezu alles übernommen wurde, reichte es in der Realität nicht einmal dazu, Motoren zu bauen, die den gesetzlichen Vorschriften genügen.

Was aber heißt Verantwortung, und kann diese wirklich grenzenlos sein? Im Begriff der Verantwortung steckt die Antwort. Und jede Antwort impliziert eine Frage. Sich verantworten bedeutet in einem ganz ursprünglichen Sinn, auf eine gestellte Frage antworten zu können, oder schärfer: antworten zu müssen. Wo, aus welchen Gründen auch immer, keine Frage gestellt werden kann oder gestellt werden darf, gibt es keine Verantwortung. Verantwortlich ist jemand in Bezug auf eine Sache gegenüber einem anderen. Verantwortung ergibt sich, wenn jemand für etwas zuständig ist und darüber Rede und Antwort stehen muss. Verantwortung kann also gar nicht anders als in Grenzen erfolgen. Es muss klar sein, wer für was zuständig ist und welche Instanz das Recht und die Möglichkeit hat, ihn dafür zur Rechenschaft zu ziehen.

Von dem spätantiken Stoiker Epiktet stammt der Satz: »Das eine steht in unserer Macht, das andere nicht.«[6] Nur dort, wo etwas in unserer Macht steht, ergibt die Rede von Verantwortung Sinn, nur dort, wo andere Menschen unserer Macht unterworfen sind, erwächst aus dieser Macht auch Verantwortung für diese Menschen. Verantwortung dort zu beanspruchen oder dorthin zu delegieren, wo keine Macht ist, ist fahrlässig. Wer aber für andere großzügig die Verantwortung übernimmt, spricht diesen ab, für sich selbst die Verantwortung übernehmen zu können. Nur wer der Auffassung ist, dass jemand prinzipiell nicht für sich selbst verantwortlich ist, kann diese Verantwortung für ihn übernehmen oder auf andere Instanzen abwälzen. Das mag bei Unmündigen bis zu einem gewissen Grad notwendig sein – unter Erwachsenen bedeutet dies, ihre Unmündigkeit ohne Not fortzuschreiben. Was Menschen wollen, ist dann nicht mehr Resultat ihrer Überlegungen, Wünsche und Entscheidungen, sondern wird ihnen von außen suggeriert und vorgegeben. Was gilt eigentlich der Wille des Einzelnen in solch einer Welt verschobener Verantwortlichkeit?

Wofür können Menschen verantwortlich gemacht werden? In erster Linie für das, was sie selbst getan haben. Wir gehen davon aus, dass Verantwortlichkeit nur dort gegeben ist, wo jemand souverän, bewusst und gezielt eine Handlung setzt, über deren Konsequenzen er sich im Prinzip im Klaren ist. Eine grundlegende Voraussetzung für die Zurechnung von Verantwortung ist also die Freiheit, sind Selbstbewusstheit und Selbstbestimmtheit einer Handlung. Das ist auch der Grund dafür, warum jemand, der sich seiner Verantwortung für sein Handeln entledigen will, alles daransetzen wird, für den Zeitpunkt seiner Handlung seine Unfreiheit zu behaupten. In der

Regel bedeutet dies, die Verantwortung an jemand anderen zu delegieren: an den Trieb, der übermächtig war, an das Rauschmittel, das eingenommen wurde, an den Befehl, dem man gehorchen musste, an die traumatischen Erfahrungen der frühen Kindheit, die nun keine andere Handlungsmöglichkeit mehr erlaubten, oder überhaupt an die Gesellschaft, die alle Chancen beschnitten hatte.

Wie plausibel, verständlich und nachvollziehbar wir solche Behauptungen im konkreten Fall auch immer finden mögen: Wir müssen uns klar darüber sein, dass wir in dem Moment, in dem wir solche Erklärungen akzeptieren, auch die Unfreiheit des Handelnden unterstellen müssen. Er hört auf, für uns ein souveräner und gleichberechtigter Gesprächs- und Handlungspartner zu sein, der uns Rede und Antwort stehen könnte. Wir können uns einem solchen Menschen gegenüber nur noch paternalistisch, als Vormund, therapeutisch oder ignorant verhalten. Die Grenzen der Verantwortung werden dabei von jenen gezogen, die dem Einzelnen die Verantwortung für sein Handeln absprechen und an andere Instanzen delegieren. Für Integration ist nach gängiger Lesart etwa der Staat zuständig und damit verantwortlich. Der Migrant wird nur als Objekt, nicht als Subjekt eines Prozesses gesehen, den er auch selbst zu verantworten hätte.

Verschwimmen die Grenzen der Verantwortung, verliert sich die Verantwortlichkeit in Rhetorik. Werden die Zuständigkeiten überdehnt – wenn sich jemand für alles vor einem Weltgewissen verantwortlich fühlt –, führt dies zur »Unverantwortlichkeit einer bloßen Gesinnungsethik«, wie dies der Philosoph Robert Spaemann einmal genannt hat.[7] Mit dem Begriff der Gesinnungsethik verweist Robert Spaemann auf den Soziologen Max Weber, der am Beginn des zwanzigsten Jahrhunderts scharf zwischen einer Gesinnungs- und einer Verantwortungsethik unterschieden hatte. Während eine Gesinnungsethik – ob religiös oder kantianisch orientiert – stets darauf achten muss, dass ethische Prinzipien und Maximen befolgt werden, ungeachtet der Folgen, die das für andere Menschen haben kann, gründet die Idee der Verantwortungsethik im Gedanken, dass eine Handlung nicht nur an der Gesinnung des Handelnden, sondern auch an ihren realen Konsequenzen zu messen sei.

Der Philosoph Konrad Ott hat gezeigt, dass in Fragen der Flüchtlingspolitik diese zwei Varianten der Ethik den Diskurs dominieren: eine Gesinnungsethik auf der einen Seite, die letztlich der Verantwortung keine Grenzen setzen will, und eine Verantwortungsethik auf der anderen Seite, die der Gesinnung Grenzen setzen muss.[8] So kann man etwa durchaus der Auffassung sein, dass die gesinnungsethisch motivierte Aufhebung der Grenze zwischen Asylsuchenden nach der Genfer Konvention und Migrationswilligen mit unterschiedlichen Motiven genau denjenigen gegenüber, die wirklich des Schutzes bedürfen, weil sie an Leib und Leben bedroht sind, verantwortungslos ist, da die Idee des Asylrechts benutzt wird, um sie durch Überdehnung letztlich auszuhebeln.

Es stimmt schon: Der Verantwortung, die uns gegenüber anderen, aber auch uns selbst gegenüber aus unserer Freiheit erwächst, zeigen wir uns oft nicht gewachsen. Viele Menschen erwarten sich deshalb auch von einem generellen Vormund die Lösung nahezu aller Probleme. Der Soziologe Heinz Bude hat in einer interessanten Studie die »Metamorphose des Staatsglaubens nach 1945« untersucht: Wie sahen und sehen wir den Staat, was erwarten wir uns von ihm? Der Bogen spannt sich dabei vom »notwendigen Staat« der Nachkriegszeit über den

»erweiterten (Wohlfahrts-)Staat« der sechziger Jahre und den »gefräßigen Staat« der Siebziger, der eine Rundumversorgung seiner Bürger versprach, ihnen dafür aber auch ziemlich viel nahm, bis zu dem »launigen Staat« der neoliberalen Wende und des »Dritten Weges«, der nach mitunter nicht mehr nachvollziehbaren Gründen mal diese, mal jene gesellschaftliche Gruppe bedient, da für alle das Geld nicht mehr reicht. Aktuell präferieren wir nach Bude den »freundlichen Staat«, der im Sinne eines »liberalen Paternalismus« seine Bürger nicht nur in Hinblick auf das berät, was ihr Wohlergehen ausmachen kann, sondern ihnen durch Verordnungen, finanzielle Anreize oder steuerliche Belastungen deutliche Hinweise gibt, wie er leben soll. Rauchverbote, abschreckende Bilder und drastische Warnungen auf Zigarettenpackungen, Steuern auf ungesunde Lebens- und Genussmittel, bald auch erhöhte Versicherungszahlungen bei ungesunder und Prämien für nachweisbare eigene Beiträge zu einer gesunden Lebensweise gehören ebenso zu diesem Konzept wie deutliche Vorgaben, wie sich der Staat das Verhältnis der Geschlechter, die Einstellung zu Fragen der Sexualität, die korrekte Sprache, die Erziehung der Kinder und das Privatleben seiner Bürger wünscht.[9]

Keine Frage, dass solche Konzepte auch zu einer tendenziellen Selbstentmündigung der Bürger und zu einer bürokratischen und moralisierenden Regelungswut führen können, die viele Menschen frustrieren. Im Amerikanischen hat sich, zurückgehend auf ein Buch von Richard Thaler und Cass Sunstein, für solche Strategien der Begriff *Nudge* eingebürgert: Der Bürger soll durch solche Maßnahmen einen kleinen Schubs in die richtige Richtung seiner Lebensführung bekommen.[10] Mitunter genügen dafür ganz kleine Veränderungen gewohnter Arrangements. So hat man festgestellt, dass in Kantinen öfter nach Obst gegriffen wird, wenn dieses in Griffnähe, Süßigkeiten dagegen in schwerer erreichbaren Regalen präsentiert werden.

In einem bemerkenswerten Interview mit dem deutschen Nachrichtenmagazin *Der Spiegel* hat sich der ehemalige deutsche Bundesverfassungsrichter Udo Di Fabio vehement und mit Nachdruck gegen dieses auch von der deutschen Bundeskanzlerin Angela Merkel favorisierte *Nudging* ausgesprochen: »Der Rechtsstaat zeichnet sich durch Klarheit aus: Jeder Bürger soll wissen, was erlaubt und was verboten ist [...] Der sanft lenkende Staat mag hier und da schonend sein, aber er vermeidet den Konflikt und die klare Grenzziehung von Freiheit und Pflicht [...] Die Idee persönlicher Freiheit ist weder ohne eine gewisse Ungleichheit noch ohne den nervigen Eigensinn der Menschen zu haben. Unsere Zeit verlangt vielleicht zu viel Konformität.«[11] Es ist schon überraschend, dass ausgerechnet bürgerliche Parteien, die sich der Idee der persönlichen Freiheit verpflichtet fühlen, diesem Modell einer sanften staatlichen Bevormundung so viel abgewinnen können. Vielleicht ist das paternalistische Erbe in diesen Parteien doch stärker als das Vertrauen in die Freiheit und Verantwortung des Einzelnen?

Natürlich ist das Verhältnis von Freiheit und Verantwortung vertrackt. Wohl setzt Verantwortung Freiheit voraus. Aber Freiheit impliziert immer ein Risiko. Und weil Menschen letztlich unvollkommene Wesen sind, muss man immer auch mit den Möglichkeiten des Scheiterns rechnen. Sich diese einzugestehen – dazu gehören gerade in der Politik Kraft und vor allem Mut, den jene oft vermissen lassen, die glauben, alles schönreden zu müssen. Nicht nur in der Politik, auch sich selbst gegenüber, wäre Ehrlichkeit eine Tugend. Diese kann dann ruhig bürgerlich genannt werden.

UNSERE GRENZEN

Zwischen hier und dort

Grenzkontrollen zwischen Deutschland und Österreich, zwischen Dänemark und Schweden, zwischen Frankreich und Belgien? Was vor wenigen Jahren noch undenkbar schien, gehört mittlerweile wieder zum europäischen Alltag. Das Verschwinden der Grenzen war offenbar nur von kurzer Dauer, Grenzen treten wieder ins allgemeine Bewusstsein, und damit auch die Frage nach deren Sinn und Funktion. Die Flüchtlingsströme des Jahres 2015, die ohne Kontrolle und Registrierung durch Europa zogen, galten den einen dann auch als Symbol für einen grenzenlosen, offenen, humanisierten Kontinent, den anderen als Indiz dafür, dass dieser Kontinent im Begriff war, sich von einer unkontrollierten Wanderungsbewegung überrollen zu lassen und damit aufzugeben. Grenzen stellen so immer mehr dar als eine Markierung in der Landschaft, an die bürokratische Handlungen angeschlossen sein können.

Die erregten Debatten über Grenzen, die Kurzschlüsse, die hinter einer Aufforderung zur Kontrolle gleich eine Mauer oder eine Abschottung vermuten, die Ängste, dass die Renaissance von Binnengrenzen gleich das europäische Einigungsprojekt zum Scheitern bringen und eine neue Epoche des Nationalismus einleiten könnte, die immer wiederkehrende Frage, wie das prekäre Verhältnis von Sicherheitsbedürfnissen und Freiheitsansprüchen zu gestalten sei – all dies zeigt, dass die Grenze selbst wieder zu einer symbolisch bedeutsamen Kategorie des politischen und sozialen Diskurses geworden ist. Bemerkenswert an diesem Diskurs aber war und ist die damit verbundene Moralisierung der Grenze. Es dominieren eben nicht sicherheitstechnische, staatsrechtliche oder migrations-politische Argumente die Debatte, sondern die Frage, ob man in jeder Grenze nicht prinzipiell etwas Menschenverachtendes, Inhumanes, letztlich also Böses sehen müsse, dessen Wieder-kehr, wenn überhaupt, nur mit Zähneknirschen und unter lau-tem Protest hingenommen werden könne. Für viele scheinen Grenzen etwas zu sein, das es besser nicht gäbe.

Die Moralisierung der Grenze und der pejorative Unter-ton, mit dem liberal, europäisch und human gesinnte Men-schen dieses Wort mittlerweile versehen, haben einiges für sich. Die Moderne verstand und versteht sich als Projekt der fallenden Grenzen, die Praxis der ästhetischen Avantgarde be-griff sich seit dem frühen zwanzigsten Jahrhundert als Akt der Grenzüberschreitung, seine Grenzen nicht nur auszuloten und hinauszuschieben, sondern prinzipiell nicht akzeptieren zu müssen, gehört zum Selbstbild des Menschen im Zeitalter der Selbstoptimierung, und dass die moderne Welt in Gestalt entfesselter Märkte, fließender Kapitalströme, unaufhaltsamer Technologien, ungehinderter digitaler Kommunikation mit Grenzen nichts mehr anfangen kann, gehört mittlerweile zu jenen Selbstverständlichkeiten unserer Zeit, die nicht mehr in Frage gestellt werden dürfen. Aber auch die Idee »Europa« lebte vom Pathos fallender, schwindender, bedeutungslos geworde-ner Grenzen. Der Fall der Berliner Mauer, das Zerschneiden des Eisernen Vorhangs, der Abbau der Grenzkontrollen: Das sind die Erfahrungen von Grenzenlosigkeit, die das Bewusstsein dieses Kontinents bestimmten und die nun durch eine ganz andere Entwicklung konterkariert werden.

Betrachten wir die Dinge nüchtern. Die Grenzen haben sich natürlich nicht in Luft aufgelöst, sie sind – nach wie vor – allgegenwärtig: als Barriere, als Pfosten, als Zaun, als Kontrollpunkt, als Sicherheitsschleuse, auf dem Land, im Wasser und in der Luft, im Körper, im Herzen und im Kopf. Grenzen definieren politische Gemeinschaften und staatliche Souveränität, Grenzen scheiden die Menschen nach sozialen, kulturellen, religiösen, sprachlichen und ethnischen Kriterien, Grenzen beschränken und steuern als Regeln und Normen unser Handeln und Verhalten, Grenzen sorgen in Form von Begriffsklärungen und Definitionen für Klarheit im Denken.

Viel zu wenig wird beachtet, dass gerade im Bereich sozialen Lebens Grenzen in hohem Maße eine Schutzfunktion zukommt. Jede Regel, jedes Gesetz, jede Vorschrift, jedes Tabu, jedes Recht stellt eigentlich eine Grenze dar: Bis hierher und nicht weiter. Und auch Menschen, die gerne im Bereich des Politischen für den Abbau der Grenzen sind, können ein Unbehagen angesichts eines radikalen Marktliberalismus empfinden und für Grenzen im Freihandel plädieren, und gerade die Verkünder kultureller Grenzenlosigkeit finden es selbstverständlich, dass mit antisemitischen, sexistischen oder rassistischen Äußerungen Grenzen – die hier übrigens immer enger gezogen werden – in einer Weise überschritten werden, die nicht toleriert werden kann. Grenzen und der Respekt vor Grenzen können also auch den Schwachen schützen – in der Ökonomie ebenso wie im Bereich des Sozialen, im Recht ebenso wie in der Politik. Auch wenn es dem Zeitgeist widerspricht: Das Verteidigen von Grenzen kann auch ein Akt der Humanität sein. In einer grenzenlosen Welt triumphierte immer nur der Stärkere. Wann Grenzen allerdings welche Funktion übernehmen können oder müssen, ist von Fall zu Fall zu entscheiden. Grenzen schlechthin unter Pauschalverdacht zu stellen ist Unsinn.

Grenzen scheiden und unterscheiden, Grenzen machen Unterschiede sichtbar und schaffen sie, Grenzen markieren Differenzen oder geben diese vor, Grenzen geben Auskunft darüber, auf welcher Seite man sich befindet. Grenzen bestimmen Identitäten, geben Orientierung und möchten das fernhalten, was nicht dazuzugehören scheint. Es stimmt schon: Grenzen spalten, ziehen Gräben, bauen Mauern – Grenzen können so zu Manifestationen der Inhumanität werden. Aber es gilt auch: Grenzen schützen, geben Sicherheit, ordnen die Welt, fordern auf, den Anderen zu achten und zu respektieren – Grenzen gehören deshalb auch zu den Bedingungen eines guten Lebens. Manchmal trennen Grenzen, was doch zusammengehört, manchmal aber signalisieren Grenzen auch, dass nicht alles zusammengehören kann. Grenzen zeigen, dass Menschen nicht nur miteinander, sondern auch nebeneinander leben können und vielleicht leben müssen. Grenzen sind aber auch der Ausdruck dafür, dass es irgendwann auch einmal genug sein könnte: Grenzen des Wachstums, Grenzen der Märkte, Grenzen der Gerechtigkeit, Grenzen des Wohlfahrtsstaates, Grenzen der Mobilität, Grenzen der Verschmutzung, Grenzen der Verständigung, Grenzen der Toleranz, Grenzen des Erträglichen, Grenzen der Machbarkeit, Grenzen der Belastbarkeit. Das Plädoyer für offene Grenzen hat die Klage, dass damit die Grenzen des Möglichen bald erreicht seien und rasch Obergrenzen eingezogen werden müssten, als stete Begleitmusik.

Keine Grenze ist ewig, keine Grenze ist für alle Menschen und für alle Zeiten festgelegt. Grenzen sind, in der Politik, in der Moral, im sozialen Leben Menschenwerk. Dieses kann ihnen nicht zum Vorwurf gemacht werden. Grenzen sind deshalb prinzipiell veränderbar, sie können verschoben und neu gezogen werden, sie können durchlässig oder rigide bewacht sein, man kann sie unüberwindbar machen, und sie werden doch überwunden werden. Kein Grenzwall, der für immer gehalten hätte, kein Gebot, das nicht übertreten worden wäre, keine Regel, die nicht verletzt worden wäre, kein Imperativ, dem man sich nicht widersetzen könnte, kein Grenzwert, der nicht je nach Interesse und Konjunktur nach oben oder unten korrigiert worden wäre. Aber mit Grenzen verhält es sich wie mit Gesetzen: Dass sie übertreten oder manipuliert werden können, spricht nicht gegen sie. Dass die Grenzen, die nun den Ausstoß an Treibhausgasen limitieren sollen, ziemlich sicher nicht eingehalten werden können, spricht nicht gegen die Sinnhaftigkeit, ja Notwendigkeit solcher Grenzziehungen. Und dass eine Grenze technisch nicht zu kontrollieren sei, ist das schlechteste Argument für deren Preisgabe.

Jede Grenze – auch das wird gerne übersehen – ist ein Paradoxon. Sie trennt, und sie verbindet gleichzeitig. Was immer die Grenze scheidet, wer immer auf der einen und auf der anderen Seite der Grenze sich befindet: Diese Grenze ist deren gemeinsame Grenze. Grenzen markieren deshalb auch Nähe und Nachbarschaften. Eine gemeinsame Grenze verbindet auch diejenigen miteinander, die nichts anderes mehr gemein haben als eben eine gemeinsame Grenze. Grenzen signalisieren deshalb ihrer Logik nach immer Folgendes: Hier ist dieses, aber dort ist jenes. Etwas als Grenze bestimmen bedeutet deshalb, an das zu denken, was hinter der Grenze liegt – eine Gefahr, eine Verheißung, eine Hoffnung, ein Geheimnis, eine bessere Welt oder die Fortsetzung dessen, was überall ist. Gerade dort, wo Grenzen gezogen werden, um etwas ein für alle Mal abzugrenzen, wird dies nie gelingen. Denn jedem, der an einer Grenze steht, stellt sich diese eine Frage: stehen bleiben oder weitergehen.

Grenzen, wie immer sie auch bestimmt sein mögen, wo immer wir ihnen begegnen, stellen uns vor das uralte Problem aller Moral: Was soll ich tun. Wo alles möglich ist, muss auch nichts geschehen. Grenzen schränken Möglichkeiten ein und provozieren gerade deshalb: zu einem Versuch, einer Reflexion, einem Protest, einer Einsicht, einer Übertretung. Aber Vorsicht: Eine Grenze gegen den Willen desjenigen, der sich wirklich oder metaphorisch auf der anderen Seite befindet, zu überschreiten, war immer ein aggressiver Akt und wird dies auch bleiben. Auch die Integrität von Individuen und Gemeinschaften ist im doppelten Sinn des Wortes begrenzt.

Grenzen sind aber nicht nur der sichtbare Ausdruck, mit dem sich politische Gemeinschaften ihrer Einheit und Souveränität vergewissern, sie sind auch Ausdruck dafür, dass wir nicht in *einer* Welt, sondern in vielen politischen, sozialen und kulturellen Welten leben. Jedes Plädoyer für Vielfalt, Differenz und Pluralität setzt Grenzen voraus. Auf der einen Seite solch einer Grenze lebt es sich anders als auf der anderen. Solch eine Grenze zu überschreiten bedeutet deshalb nie nur, den Ort zu wechseln, sondern in andere Verhältnisse zu gelangen. Fallen politische Grenzen, heißt das nicht, dass es keine kulturellen, sprachlichen, ethnischen oder sozialen Grenzen mehr gäbe. Manchmal ist es einfacher, in ein anderes Land zu emigrieren, als die Villenviertel einer *Megacity* zu betreten.

Weltweit gesehen nehmen, trotz oder wegen der Globalisierung, die Grenzen zu. Wo neue Staaten entstehen, wo Minderheiten sich emanzipieren, wo Imperien zerfallen, entstehen sofort neue Grenzen: am Balkan, in Afrika, auf dem Gebiet der ehemaligen Sowjetunion, im Vorderen Orient. Das Gefühl, eine Herrschaft abgeschüttelt und endlich zu sich gefunden zu haben, eine Gemeinschaft eigenen Rechts bilden zu können, drückt sich sofort in der Etablierung einer Grenze aus. Sie zieht einen scharfen Trennungsstrich gegenüber einem ehemaligen Machthaber, und sie soll nun die neu entstandene politische Gemeinschaft zumindest so lange schützen, solange sich diese noch unsicher und gefährdet fühlt. Für Menschen, die, aus welchen Gründen auch immer, einen eigenen Staat wollen, sind Grenzen deshalb immer auch Linien der Sehnsucht, ihre Realisierung immer auch ein Zeichen dafür, dass ihr Wunsch nach Souveränität Wirklichkeit geworden ist. Später, wenn sich die Verhältnisse entspannt haben, können solche Grenzen auch wieder an Bedeutung verlieren, manchmal ganz verschwinden.

Wenn Grenzen Zugehörigkeiten und Identitäten markieren und symbolisieren, dann definiert sich auch Europa nicht nur über die Bedeutungslosigkeit verschwundener Binnengrenzen, sondern über seine befestigte und gesicherte Außengrenze. Wo diese verläuft, wie sie gestaltet wird, wie durchlässig sie ist und welche Möglichkeiten der Grenzüberschreitung sie erlaubt – das entscheidet über europäische Perspektiven. Dass nach langem Zögern die Europäische Union sich auf eine gemeinsame, die Befugnisse der Nationalstaaten übersteigende Grenzsicherung geeinigt hat, trägt dieser Einsicht Rechnung. Nur eine kontrollierbare Außengrenze kann das europäische Projekt sicherstellen. Das bedeutet übrigens weder Abschottung, schon gar nicht den Bau an einer Festung Europa. Das bedeutet nur, dass Europa sich allmählich als politisches Gebilde begreift, zu dessen Souveränität die Sicherung seiner

Grenzen notwendig gehört. Wie durchlässig diese gestaltet werden, wie das Asylrecht an diesen Grenzen praktiziert wird, wie eine europäische Migrationspolitik aussehen kann – all das ist Ausdruck eines politischen Willens, der sich aber nur artikulieren kann, wenn an dieser Außengrenze nicht Tag für Tag deren Bedeutungslosigkeit demonstriert wird.

Für Flüchtlinge und Migranten ist die Grenze deshalb eine höchst paradoxe Erfahrung. Einerseits ist sie ein Hemmnis, das Hindernis, das, auf welchem Wege auch immer und oft unter dem Einsatz hohen Risikos, überwunden und umgangen werden muss, andererseits ist gerade diese furchtbare Grenze Ausdruck der Hoffnung, dass dahinter alles anders, alles besser wäre. Wer vor Verfolgung durch eine totalitäre Herrschaft fliehen muss, wer einer ökonomischen oder ökologischen Katastrophe entgehen will, wer für sich und seine Familie bessere Lebenschancen sucht, muss wissen, wann er dort ist, wo dieses andere Leben möglich ist. Er muss eine Grenze überwinden – das kann ihm schwergemacht oder erleichtert werden. Aber nur weil es diese Grenze gibt und weil sie zwei unterschiedliche Welten, zwei unterschiedliche Lebensformen trennt, weil diese Grenze Sicherheit von Gefahr scheidet, lohnt es sich, sie zu überwinden. Natürlich: Die Utopie einer Welt ohne hemmende Grenzen darf gedacht werden. Die Vorstellung, dass jeder Mensch das Recht haben soll, sich den Ort auf dieser Erde, an dem er leben will, selbst auszusuchen, hat zweifellos einiges für sich. Dies setzte aber eine Konzeption von Weltbürgerschaft voraus, die sich nirgendwo am politischen Horizont abzeichnet. Unter den aktuellen Bedingungen würde die propagierte Grenzenlosigkeit eher zu einem Weltbürgerkrieg denn zu einer humanen Neuordnung der Verhältnisse führen. Solange es Differenzen in der politischen Verfassheit von Ge-

meinschaften gibt, solange es verschiedene Gesellschafsfor-
men gibt, solange es starke Gefälle im Wohlstandsniveau von
Ländern und Regionen gibt, solange die Lebensbedingungen
und Lebenschancen auf diesem Planeten ungleich verteilt sind,
wird es auch die entsprechenden Grenzen geben müssen, die
immer beides sein werden: Signale des Ausschlusses und das
Versprechen eines besseren Lebens.

WAS HEISST DENKEN?

Über Intellektuelle
in dürftiger Zeit

Es gehört mittlerweile zum guten Ton, angesichts von Brexit, Donald Trump, Marine Le Pen, der Krise der EU und dem Aufstieg autoritärer Bewegungen vom Versagen der politischen, aber auch intellektuellen Eliten zu sprechen. Nun, diese Rede ist aus mehreren Gründen verräterisch. Auf wesentliche Teile der etablierten Eliten trifft sie nämlich gar nicht zu, diese sympathisierten ohnehin mit dem Brexit oder sitzen nun in Donald Trumps Regierung. Auch ist es ein wenig seltsam, gleich von einem Versagen der Eliten zu sprechen, wenn Wahlergebnisse nicht den eigenen politischen Präferenzen entsprechen. Allmählich sollte es sich herumgesprochen haben, dass eine Demokratie sich auch dadurch auszeichnet, dass oppositionelle Kräfte welcher Art auch immer in einem gesetzlich vorgegebenen Rahmen die Möglichkeit haben, Wahlen zu gewinnen und damit politische Verantwortung zu übernehmen. Das kann unangenehm sein, aber weder fällt eine Gesellschaft deshalb auseinander, noch droht gleich die Herrschaft des Pöbels.

Die Lust, mit der seit geraumer Zeit die Gefahr des Rechtspopulismus beschworen und die Besorgnis über die Zukunft der Demokratie verkündet wird, ist dann auch entlarvend. Dass diejenigen, die angeblich die Demokratie vor ihren autoritär gesinnten Feinden schützen wollen, auf die Idee kommen, dies dadurch zu bewerkstelligen, dass man bestimmten bildungsfernen und sozial deklassierten Gruppen der Gesellschaft, die man für unliebsame Wahlausgänge verantwortlich macht, gleich das Wahlrecht entziehen möchte, sagt alles. Ohne die Gefahren zu unterschätzen, die von einer rechtsgerichteten und neonationalistischen Politik ausgehen können, klingt solch eine Verteidigung der Demokratie nach dem hilflosen Versuch, einem drohenden Machtverlust zu entgehen. In einer Demokratie können auch Teile der Eliten ausgetauscht werden, ohne dass diese deshalb gleich zusammenbrechen muss.

Aber es ist reizvoll, einmal prinzipiell darüber nachzudenken, unter welchen Bedingungen Eliten versagen können. Man wird dieses Versagen nicht nur auf die je eigene Interessen- und Klientelpolitik beziehen können, sondern auf die Verfasstheit der Gesellschaft überhaupt. In diesem Sinne könnte angesichts der Finanz- und Wirtschaftskrisen seit 2008, angesichts einer europäischen Migrationspolitik, die diesen Namen nicht verdient, angesichts zahlreicher ungelöster und verschärfter sozialer Spannungen, angesichts der Hilflosigkeit der europäischen und amerikanischen Politik im von ihr mitverschuldeten Desaster im Nahen Osten, angesichts einer perennierenden Schwäche gegenüber dem islamistischen Terror durchaus von einem Versagen gesprochen werden. Die Aufgaben, die sich die politischen und ökonomischen Eliten stellen, können von diesen nicht gelöst werden.

Eine besondere Pointe besteht dabei darin, dass eine Elite, die versagt, aufhört, eine Elite zu sein. Denn der Anspruch auf Macht und Privilegien kann nur dadurch gerechtfertigt werden, dass es sich um eine Auslese der Besten und Fähigsten handelt. Scheitern diese, waren sie wohl nicht gut genug. Am Status der Elite unter diesen Bedingungen festzuhalten hinterlässt deshalb oft den unangenehmen Eindruck, dass es nur um Macht und Privilegien geht und nicht um jene Verantwortung, die diese erst rechtfertigt. Tröstlich ist in diesem Zusammenhang allerdings, dass die Kritiker dieser Eliten, sollten sie Erfolg haben, demselben Mechanismus verfallen werden. Dass Macht korrumpiert, wissen wir seit Platon. Erstaunlich, dass wir bei jedem einschlägigen Skandal so tun, als geschähe dies zum ersten Mal.

Damit sind wir bei den Intellektuellen. Auch diese hätten versagt. Das stimmt allerdings nicht. Denn Intellektuelle können gar nicht versagen, weil sie nichts zu tun haben. Intellektuelle, das ergibt sich schon aus dieser Bezeichnung, sollen nicht handeln, sondern denken. Oft genug ist ihnen dies zum Vorwurf gemacht worden und hat sie dazu verführt, sich zu engagieren, Partei zu ergreifen, Empfehlungen abzugeben und Forderungen zu unterschreiben. Wann immer sie durch solche Aktivitäten reüssieren konnten, war es danach meistens schlimmer als zuvor. Trotz Émile Zolas »J'accuse«: Nicht der Aufruf, nicht die Anklage ist das eigentliche Geschäft des Intellektuellen, sondern die in und vor der Öffentlichkeit vorgetragene kritische Analyse der Gesellschaft. Dass diese immer möglich ist, zeigen etwa wiederentdeckte Befunde, die der amerikanische Philosoph Richard Rorty und der deutsche Soziologe Ralf Dahrendorf in den neunziger Jahren vorgelegt hatten: Sie diagnostizierten aufgrund der Globalisierung tiefgreifende soziale Spannungen, die zur Aushöhlung der Demokratie und zu einer autoritären Versuchung als einziger Alternative führen könnten.

Tatsächlich wurden diese Überlegungen ignoriert, man begnügte sich damit, die von dieser Dynamik negativ Betroffenen als Globalisierungsverlierer, Abgehängte und Bildungsferne ihrem Schicksal zu überlassen und sich anderen Fragen zuzuwenden, etwa denen einer korrekten Gender- und Minderheitenpolitik am Campus. Aus Gesellschaftskritik wurde akademische Symbolpolitik. Ohne die Entrechteten und Benachteiligten gegeneinander auszuspielen: Statt ständig nach neuen politisch korrekten Sprachvorschriften zu suchen, wäre es vielleicht auch angebracht gewesen, in einer kritischen Diskursanalyse zu zeigen, wie sehr allein ein Begriff, der den »Verlierer« enthält, schon der Rhetorik einer Wettbewerbsideologie verfallen ist, die es eigentlich verböte, solche Termini unreflektiert zu gebrauchen. Globalisierung ist kein Spiel, bei dem acht Milliarden Menschen unter gleichen Bedingungen starten und das die Besseren gewinnen.

Was aber hieße es unter den aktuellen Bedingungen, beim öffentlichen Denken als Aufgabe des Intellektuellen zu bleiben? Dem mehrfach geäußerten Befund, dass sich zwischen den Filterblasen von Social Media und den Sprechblasen der Talkshows ein Denken, das diese Bezeichnung verdient, schwertut, ist nicht ganz von der Hand zu weisen. Allerdings sind die Akteure des öffentlichen Diskurses nicht ganz unschuldig an ihrer Demontage. Denn nur allzu oft haben sie das Denken selbst diskreditiert und durch Strategien der Selbstimmunisierung durch Moral ersetzt. Die Versuchung, den Vereinfachern durch Vereinfachung zu begegnen, ist keine geringe. Warum über eine politische Position nachdenken und nach besseren Argumenten suchen, wenn es genügt, diese als rechts, populistisch, nationalistisch oder konservativ zu diskreditieren oder gleich eine Phobie zu diagnostizieren?

Für den Intellektuellen gibt es zwei Gefahren, die es gilt, im Auge zu behalten: den Hang zur paternalistischen Volkspädagogik und die Lust an der Pathologisierung des Gegners. Aufklärung – bei Immanuel Kant könnte man es nachlesen – bedeutet nicht, dass die Eliten sich die Dummen im Volk vornehmen und auf Kurs bringen, sondern einen Prozess der kritischen Reflexion und Selbstreflexion, der zuallererst das eigene Denken betrifft und nicht das der anderen. Und man erspart sich keine Auseinandersetzung, wenn man alles, was einem aus guten Gründen nicht gefällt, als krankhafte, kollektive Angst, gar als Wahn identifiziert. Man verkennt in der Regel damit nicht nur die Realität, sondern bringt sich auch darum, seine guten Gründe darzulegen. Allein der unreflektierte Gebrauch eines Begriffs wie »Islamophobie«, mit dem jede auch noch so wohlüberlegte und begründete Kritik am Islam denunziert wird, kann nur als Zeichen einer geistigen Verwahrlosung, die Teile der intellektuellen Eliten erfasst hat, gedeutet werden.

Bedeutet das, dass man mit allen Unzufriedenen unter allen Umständen wieder reden muss? Was für Politiker selbstverständlich sein sollte, ist es für Intellektuelle mitnichten. Denken bedeutet nicht, mit allen in ein Gespräch einzutreten. Aber es gehört – und hier sei noch einmal an Kant erinnert – zum Wesen des Denkens, dass man selbständig, mit sich in Übereinstimmung und an der Stelle jedes anderen denken kann. Was fehlt, ist weniger die reale Begegnung mit dem zornigen Volk, sondern die Phantasie, sich in Lagen und Situationen hineinzudenken, die allen eigenen Erfahrungen und Überzeugungen zu widersprechen scheinen. Dieser Versuch, etwas Unangenehmes zu verstehen, bedeutet allerdings nicht, alles zu akzeptieren oder zu entschuldigen. Ganz im Gegenteil: Wer denkt, ist grundsätzlich intolerant. Denn Denken bedeutet, an der Triftigkeit von Argumenten, an der Plausibilität von Überzeugungen, an der Vernünftigkeit von Deutungen, an der Überprüfbarkeit von Behauptungen festzuhalten.

Die bloße Meinung ist der natürliche Feind des Gedankens. Deshalb kann Denken auch wehtun. Eine Toleranz, die großzügig über alles hinwegsieht und an die Stelle des Arguments zum Beispiel eine identitäts- oder geschlechtspolitische Zuschreibung treten oder kollektive religiös motivierte Verletzungsgefühle über die Zulässigkeit einer Formulierung oder eines Begriffs entscheiden lässt, hat die Sache des Denkens verraten. Die Sache des Denkens hat aber auch verraten, wer, um schwierigen Wahrheitsfragen aus dem Weg zu gehen, Algorithmen oder Wahrheitskommissionen darüber befinden lassen möchte, was nun gilt und was nicht. Die neue Liebe zu den Fakten ist verräterisch. Intellektuelle haben Fakten immer misstraut, weil sie um deren Kontextabhängigkeit wussten. Empirie, so formulierte es einmal mit unangenehmer Schärfe der Philosoph Günther Anders, ist nur etwas für Idioten. Denen mangelt es nämlich an der Fähigkeit, über das Handgreifliche hinaus zu denken. Solche Beschränktheit mag auch bei so manchen Rufen nach einer Zensur des Netzes und nach automatisierten Fakten-Checks eine Rolle spielen.

Denken ist mühsam. Und das Geschäft des Intellektuellen ist es auch. Wer es ernst damit meint, wird sich nicht auf einen Selbstbestätigungsdiskurs unter Gleichgesinnten verlassen, wird sich nicht mit humanistisch getönten Phrasen und Parolen zufriedengeben, wird sich nicht von Medien und den von ihnen verbreiteten Stimmungen vorschreiben lassen, wie und was er zu denken hat. Und auch die beste Moral kann das Denken nicht ersetzen. Intellektuelle sollten zwischen allen Stühlen sitzen und ihre geistige Unabhängigkeit nicht durch politische Anhänglichkeiten und ökonomische Abhängigkeiten konterkarieren. Das wird nicht immer möglich sein. Aber noch aus diesem Widerspruch könnte die Einsicht gewonnen werden, dass rigide Reinheitsgebote, wo und von wem auch immer sie formuliert werden, ein Übel sind.

Letztlich aber ist jeder Denkende mit seinem Denken allein. Denken ist die Sache des Einzelnen, des Individuums, und überall dort, wo die Rechte dieses Einzelnen zugunsten kollektiver Identitäten und ihrer Ansprüche oder aufgrund staatlicher Eingriffe und Zensurmaßnahmen beschränkt und desavouiert werden, nimmt nicht nur das Denken Schaden. Eine Freiheit, die nicht als Freiheit des Einzelnen gedacht ist, ist keine. Die Tugend des Intellektuellen ist die Einsamkeit, das Netzwerk sein Laster.

ES IST SO BEQUEM,
UNMÜNDIG ZU SEIN!

Brauchen wir eine
neue Aufklärung?

Das Europäische Forum Alpbach widmete sich im Jahr 2016 dem Thema »Neue Aufklärung«. Im Ankündigungstext konnte man dazu Folgendes lesen: »Die Denkwerkzeuge der Aufklärung, allen voran die Vernunft, reichen nicht mehr aus, um die Herausforderungen der Gegenwart zu meistern. Der Kurs europäischer Gesellschaften gleicht den Entdeckungsreisen der Seefahrer längst vergangener Tage. Landkarten, die Orientierung und Sicherheit geben sollen, scheinen ihren Wert verloren zu haben. Wir reisen ins Ungewisse und müssen in vielen Bereichen neue Wege und Routen erst erkunden.«[1] Was an diesem Befund verblüfft, ist weniger das Eingeständnis der Orientierungslosigkeit, sondern die These, dass die Denkwerkzeuge der Aufklärung, vor allem die Vernunft, nicht mehr ausreichen, um Auswege aus dieser Ungewissheit zu weisen. Man fragt sich unwillkürlich, welche sonstigen Werkzeuge zum Einsatz gebracht werden sollen – voraufklärerische oder postaufgeklärte? Und was hat man sich darunter vorzustellen? Emotionen, Affekte, Offenbarungen, Algorithmen? Wer über die Grenzen der Aufklärung nachdenkt, kommt nicht umhin, sich ihres Begriffes überhaupt erst einmal zu versichern.

Aufklärung – dieses schöne Wort entstammt, man glaubt es kaum, doch tatsächlich der Meteorologie. Wenn dunkle Wolken sich verziehen, der Himmel wieder klar wird, das Licht der Sonne die Gegenstände dieser Welt deutlich erkennen lässt, dann klärt sich etwas auf. Untrennbar ist dieser Begriff an die Metapher des Lichts und damit des Sehens gebunden, es geht um die Herstellung von Verhältnissen, in der alles Dunkle, Verborgene, Falsche, Verdüsterte, aber auch jeder falsche Schein, jedes Blendwerk, jede Täuschung, jede Illusion ihrer Unwahrheit überführt werden. Aufklärung tut nur dort not, wo die Gedanken und Sinne der Menschen vernebelt sind, wo an angeblich unumstößliche Wahrheiten unkritisch geglaubt werden muss und vermeintliche Gewissheiten oktroyiert werden. Aufklärung setzt demgegenüber darauf, dass Wahrheitsansprüche, Weltdeutungen, moralische Einstellungen und politische Überzeugungen kritisch überprüft und aus Vernunftgründen einsichtig, zumindest plausibel gemacht werden müssen.

Unumstritten war die Aufklärung nie. Dass die Vernunft zu weit gehen, sich überschätzen, selbst dogmatisch werden kann – dieser Verdacht begleitete die Aufklärung von ihrem Anbeginn an. Aufklärungskritik ist selbst ein Phänomen der Aufklärung. Als der Berliner Pfarrer und Freimaurer Johann Friedrich Zöllner im Jahre 1783 im Dezemberheft der *Berlinischen Monatsschrift* in einer Fußnote die berühmt gewordene Frage »Was ist Aufklärung?« stellte[2], provozierte dies in der Folge nicht nur Antworten von Moses Mendelssohn und Immanuel Kant, sondern auch ein kleines, Zöllner selbst zugeschriebenes Poem, das aus der Skepsis gegenüber der Aufklärung kein Hehl machte. Das Gedicht trägt den Titel »Der Affe. Ein Fabelchen« und liest sich wie folgt:

»Ein Affe stekt' einst einen Hain
Von Zedern Nachts in Brand,
Und freute sich dann ungemein,
Als er's so helle fand.
›Kommt Brüder, seht, was ich vermag;
Ich, – ich verwandle Nacht in Tag!‹

Die Brüder kamen groß und klein,
Bewunderten den Glanz
Und alle fingen an zu schrein:
Hoch lebe Bruder Hans!
›Hans Affe ist des Nachruhms werth,
Er hat die Gegend aufgeklärt.‹«[3]

Man kann die Welt auch dadurch erleuchten, dass man sie in Brand steckt. Diese Fabel ließe sich auch als erste Variante jener »Dialektik der Aufklärung« verstehen, die Theodor W. Adorno und Max Horkheimer im zwanzigsten Jahrhundert konstatierten: Eine rabiate, instrumentell verkürzte und losgelassene Vernunft schlägt in ihr Gegenteil um.

Noch aber sind wir nicht so weit. In derselben Nummer der *Berlinischen Monatsschrift* versuchte sich niemand Geringerer als Immanuel Kant an der Beantwortung der Frage »Was ist Aufklärung?« Die Bestimmung, die Kant der Aufklärung gegeben hat, erscheint dann auch bis heute unhintergehbar. Wer die alte Aufklärung für obsolet erklärt und eine neue fordert, muss auch angeben können, in welchen Punkten unsere Zeit über Kant hinausgegangen oder hinter ihn zurückgefallen ist. »Aufklärung«, so die bündige Definition des Königsberger Philosophen, »ist der Ausgang des Menschen aus seiner selbst verschuldeten Unmündigkeit.«[4] Und weiter heißt es an dieser Stelle, so klar, wie nur Immanuel Kant klar sein konnte: »Unmündigkeit ist das Unvermögen, sich seines Verstandes ohne Leitung eines anderen zu bedienen.« Selbstverschuldet ist diese Unmündigkeit aber dann, »wenn die Ursache derselben nicht am Mangel des Verstandes, sondern der Entschließung und des Mutes liegt, sich seiner ohne Leitung eines anderen zu bedienen. Sapere aude! Habe Mut dich deines eigenen Verstandes zu bedienen! ist also der Wahlspruch der Aufklärung.« Kant formuliert hier nicht nur das Ideal der Autonomie und Mündigkeit, er bestimmt Aufklärung nicht nur als souveräne Tätigkeit der menschlichen Vernunft, er scheut auch nicht davor zurück, die Gründe zu benennen, die das Projekt der Aufklärung immer wieder scheitern lassen: »Faulheit und Feigheit sind die Ursachen, warum ein so großer Teil der Menschen [...] dennoch gerne zeitlebens unmündig bleiben; und warum es Anderen so leicht wird, sich zu deren Vormündern aufzuwerfen.«

In der Tat: Es ist so bequem, unmündig zu sein. Kant hatte da keine Illusionen: »Habe ich ein Buch, das für mich Verstand hat, einen Seelsorger, der für mich Gewissen hat, einen Arzt, der für mich die Diät beurteilt, u. s. w., so brauche ich mich ja nicht selbst zu bemühen. Ich habe nicht nötig zu denken, wenn ich nur bezahlen kann; andere werden das verdrießliche Geschäft schon für mich übernehmen.« Kants Vorstellung, dass der Mensch in der Lage sein sollte, sich so viel Wissen und Kenntnisse anzueignen, die es ihm ermöglichen, für alle entscheidenden Fragen seines Lebens zu einem gut begründeten Urteil zu kommen, scheint auf den ersten Blick seltsam utopisch angesichts einer immer komplexer werdenden Welt, in der man auf den Rat und die Expertise von Spezialisten angewiesen ist. Dass das Geschäft mit Beratungen aller Art floriert, hat nicht nur mit Bequemlichkeit, sondern auch mit schlichter Überforderung zu tun.

Auf den zweiten Blick scheint es aber so zu sein, dass vor allem die modernen Informationsmedien dem Bürger zumindest einen Teil seiner Mündigkeit zurückgeben könnten. Über das Internet kann er sich über alles kundig machen, es gibt auch kaum ein Problem der Technik, der Lebensführung, der Gesundheit oder der Ernährung, zu dem es nicht zahlreiche Internetforen gibt, in denen man sich Rat holen kann, die professionellen und teuren Berater bekommen Konkurrenz von oft anonymen Usern, die, als Schwarmintelligenz getarnt, ihre Weisheiten und Bewertungen verkünden. Wer dahintersteckt und wie verlässlich diese Informationen sind, weiß allerdings niemand. Diese Grauzonen des Wissens und der Beratung führen dazu, dass immer mehr Menschen bei Fragen und Problemen aller Art zuerst einmal *googeln*, was das Netz dafür so hergibt. Eine entsprechende Bildung und Medienkompetenz vorausgesetzt, können auf diese Weise durchaus profunde Kenntnisse gewonnen werden, die als Entscheidungshilfen dienen; gleichzeitig aber erzeugt die Vielzahl an Antworten, die Suchabfragen meistens nach sich ziehen, ebenso eine Verstärkung der Desorientierung wie die nicht durchschaubaren Algorithmen, nach denen die Suchergebnisse ausgeworfen, gereiht und bewertet werden. Gerade die zunehmende Personalisierung von Suchvorgängen kann zu einer fatalen Verengung des Blickfeldes führen, zu einer permanenten Bestätigung der eigenen Vorurteile und Gestimmtheiten, zu einer Blase, die durch eine neue Aufklärung zum Platzen gebracht werden müsste.

Möglich, dass der Einzelne mit dem Projekt der Aufklärung immer schon überfordert war. Kant hatte dies geahnt und einen Ausweg angeboten. Vielleicht ist es leichter, dass ein »Publikum«, also eine Öffentlichkeit sich aufkläre, denn in dieser werden sich immer einander verstärkende Stimmen der Vernunft finden. Wenige Jahre später wird Johann Gottfried Herder in seinem Buch »Verstand und Erfahrung«, das als eine kritische Auseinandersetzung mit Kant gedacht war, diesen Aspekt in den Begriff der Vernunft selbst verlegen: Vernunft leite sich von »Vernehmen« ab, durchaus im Sinne von Hören und Verhören. Vernünftig sein bedeute vorab, erst einmal genau zuhören zu können und dann die Fähigkeit, das Gehörte zu beurteilen und ein Urteil zu fällen: »Vernunft ziehet ihren Schluss also mit Richterstrenge.«[5] Gerade in ihrer kommunikativen Funktion ist die Vernunft immer auch Richterin.

Am Ende seiner Schrift, nahezu versteckt, berührt Kant dann doch noch die zentrale Frage der Aufklärung, das Verhältnis der Vernunft zur Religion: »Daß die Menschen [...] schon imstande wären [...] in Religionsdingen sich ihres eigenen Verstandes ohne Leitung eines Anderen sicher und gut zu bedienen, daran fehlt noch sehr viel.«[6] Machen wir uns nichts vor: Der Nebel, den es durch Aufklärung zu lichten galt, das Dunkel, das durch die Vernunft aufgehellt werden musste, waren vorrangig die Lehren der Religionen, der blinde Offenbarungsglaube, das göttliche Gesetz, das keine Kritik vertrug. Aufklärung war und ist, heute vielleicht mehr denn je, Religionskritik. Keine Religion, so der Toleranzgedanke der Aufklärung, kann eine höhere Wahrheit für sich beanspruchen als eine andere; jede Religion aber muss sich den Ansprüchen der prüfenden, kritisierenden, forschenden Vernunft unterwerfen. Es ist ein grobes Missverständnis, dass die Vernunft gegenüber Glaubenswahrheiten tolerant sein muss; die Vernunft hat nichts zu dulden, was ihren Ansprüchen nicht genügt. Wären die Aufklärer und Religionskritiker, von Voltaire über Feuerbach bis zu Marx, Nietzsche und Freud, ähnlich wie wir von der Besorgnis getragen gewesen, nur ja keine religiösen Gefühle zu verletzen, hätte es keine Aufklärung, keine Menschenrechte, keine Evolutionstheorie, keine moderne Lebenswelt gegeben.

Aber, so könnte man fragen, übernahm sich die Vernunft da nicht ein wenig? War es nicht immer schon ein falscher Ansatz, den Menschen nur unter den Gesichtspunkten seiner Rationalität zu sehen und alle anderen Bedürfnisse, emotionale so gut wie metaphysische, als bloße Verhexungen des Verstandes, Indoktrinationen, kollektive Neurosen oder geistige Opiate zu sehen? In der *Berlinischen Monatsschrift* hatte sich auch Moses Mendelssohn, einer der führenden Köpfe der jüdischen Aufklärung, in der Beantwortung von Zöllners Frage versucht. Sein Beitrag war zwei Monate vor Kants berühmt gewordener Schrift erschienen, allerdings hatte Kant von Mendelssohns Versuch erst nach Fertigstellung seines eigenen Beitrags erfahren. Mendelssohns Ansatz, zu Unrecht vergessen, stellt die Dinge in einen ganz anderen Zusammenhang als Kant: »Bildung«, so seine These, »zerfällt in Kultur und Aufklärung.« Aufklärung ist nicht alles, sie stellt neben der Kultur nur eine Dimension der Bildung dar, ist diesem Konzept einer Selbstvervollkommnung des Menschen untergeordnet. Während die Kultur für die ästhetische und sittlich-praktische Humanisierung sorgen soll, ist die Aufklärung für wissenschaftliche Erkenntnisse und ihre Anwendung für das menschliche Leben »nach Maßgebung ihrer Wichtigkeit« zuständig. Mendelssohn verkannte nicht die Gefahren, die in der Vereinseitigung von Kultur und Aufklärung liegen können: »Missbrauch der Aufklärung schwächt das moralische Gefühl, führt zu Hartsinn, Egoismus, Irreligion, und Anarchie. Missbrauch der Kultur erzeuget Üppigkeit, Gleisnerei, Weichlichkeit, Aberglauben, und Sklaverei.« Dort aber, wo Aufklärung und Kultur einander sinnvoll ergänzen, sieht Mendelssohn das beste »Verwahrungsmittel« wider jede Form von materieller und geistig-seelischer Korruption.[7]

Und dann findet sich in diesem Text vielleicht einer der erstaunlichsten Sätze der Philosophie des 18. Jahrhunderts: »Eine gebildete Nation kennt in sich keine andere Gefahr, als das Übermaß ihrer Nationalglückseligkeit; welches, wie die vollkommenste Gesundheit des menschlichen Körpers, schon an und für sich eine Krankheit, oder der Übergang zur Krankheit genannt werden kann.«[8] Lange vor den zerstörerischen und barbarischen Eruptionen des Nationalismus hatte Mendelssohn vor diesem mit einem eigenwilligen und doch so scharfsinnigen Argument gewarnt: Das Phantasma des gesunden, reinen Volkskörpers wird zur Bedrohung für jede Form von Humanität. Dies könnte nicht nur Apologeten des Nationalismus, sondern auch den Fetischisten der Gesundheit und den Perfektionisten des Glücks zu denken geben. Kultur und Aufklärung, also Bildung, wüssten diese Exzesse in Zaum zu halten. Aber wer, der heute von Bildung spricht, denkt an diese Ausgewogenheit von Schönheit und Vernunft, von Theorie und Praxis, von Erkenntnis und Bescheidenheit, von Maß und Ziel?

Wie steht es nun mit einer neuen Aufklärung? Angesichts der Reetablierung vormoderner Strukturen, Denk- und Lebensweisen in der technisch avanciertesten Gesellschaft aller Zeiten könnte man wohl ins Grübeln kommen. Von der Wiederkehr der Religionen bis zur Krise der Demokratie, von der Ablösung des mündigen Subjekts als Ziel aller Bildung durch den kompetenzorientiert ausgebildeten Konsumenten bis zur Errichtung feudaler Quasimonopole auf den globalisierten

Märkten, von Verschwörungstheorien und Fake-News aller Art bis zum erhobenen Daumen und den Hass- und Empörungskonjunkturen der sozialen Netzwerke, vom Verlust des Intim-Privaten bis zu den anschwellenden Datenströmen in den Händen des Privateigentums reicht die Palette von Entwicklungen, die allen Konzepten der aufklärerischen Moderne hohnsprechen.

Die neue selbstverschuldete Unmündigkeit, forciert durch einen paternalistisch fürsorglichen Staat, der durch sanften Druck seinen Bürgern das gute Leben beibringt, lässt das große Ziel der Moderne, die Entfaltung von Freiheit, in einem seltsam schrägen Licht erscheinen. Die entscheidende Geste aufgeklärten Denkens, die Kritik, gehört dann auch zu einer Welt von gestern. Ein Satz wie der, dass die Kritik der Religion die Voraussetzung aller Kritik an Zuständen sei, die so etwas wie Religionen überhaupt erst notwendig machen, erscheint in Hinblick auf den neuen Sonderstatus, dessen sich Religionen, religiöse Gefühle, religiös motivierte Sozial- und Kleiderordnungen nun erfreuen, nicht nur seltsam antiquiert, sondern seine Unmöglichkeit demonstriert eindringlich, dass die Konzepte der Aufklärung ihre Plausibilität eingebüßt haben. Dem entspricht auch der unausgesprochene Hang zur Affirmation, der das aktuelle Denken nötigt, zu allem erst einmal ja zu sagen. Wo Teams und Netzwerke, permanente Kontrolle und Selbstkontrolle regieren, haben Einzelne und solche, die nicht mitmachen wollen, also den Anspruch auf Mündigkeit aufrechterhalten, einen schweren Stand. Ja, es bedarf einer neuen Aufklärung. Und dies nicht, weil die alte Aufklärung nichts mehr taugte, sondern weil wir im Begriff sind, deren Errungenschaften zu verspielen und ihre Ansprüche ins Gegenteil zu verkehren.

ANHANG

ANMERKUNGEN

BELESENHEIT

1 Naina K.: Uff. Und was machen wir jetzt? In: Die Zeit online, 16.1.2014 (www.zeit.de/gesellschaft/zeitgeschehen/2015-01/twitter-nainablabla-schule-diskussion, abgerufen am 9.7.2015)

2 Saul B. Robinsohn: Bildungsreform als Revision des Curriculum. Neuwied 1967, S. 20

3 Peter Bieri: Wie wäre es, gebildet zu sein? In: Heiner Hastedt (Hrsg.): Was ist Bildung? Eine Textanthologie. Stuttgart 2012, S. 234

4 Bieri, Wie wäre es, gebildet zu sein, S. 234f.

5 Heinz-Joachim Heydorn: Über den Widerspruch von Bildung und Herrschaft. Frankfurt/Main 1970, S. 301f.

6 Vgl. dazu Gerd Ueding/Jürgen Wertheimer: Zurück zur Literatur. Streitbare Essays. Bonn 2017

DAS SCHLECHTE GEWISSEN

1 Friedrich Nietzsche: Menschliches, Allzumenschliches. KSA 2, S. 556f.

JEDER NACH SEINEN FÄHIGKEITEN, JEDEM NACH SEINEN BEDÜRFNISSEN

1 Industriellenvereinigung: Beste Bildung für Österreichs Zukunft. Bildung neu denken. Schule besser leben (www.iv-net.at/d4300/beste_bildung.pdf, abgerufen am 7.1.2015)

2 Karl Marx: Kritik des Gothaer Programms. MEW 19, S. 13ff.

3 Bertolt Brecht: Flüchtlingsgespräche. In: Gesammelte Werke, Frankfurt/Main 1967. Bd. 14, S. 1402ff.

4 Friedrich Nietzsche: Über die Zukunft unserer Bildungsanstalten. KSA 1, S. 716f.

5 Nietzsche, KSA 1, S. 667

6 Thomas Piketty: Das Kapital im 21. Jahrhundert. München 2014. Kindle-E-Book, Pos. 609

7 Heinz-Joachim Heydorn: Zu einer Neufassung des Bildungsbegriffs. Frankfurt/Main 1972, S. 99f.

8 Manfred Spitzer: Digitale Demenz. Wie wir uns und unsere Kinder um den Verstand bringen. München 2012

9 Dalia Marin: Die brillanten Roboter kommen. In: *Frankfurter Allgemeine Zeitung*, 21. 11. 2014

PROFESSIONALISIERUNG
DES LEHRBERUFS?

1 Vgl. Christine Stöger, Brigitte Lion, Franz Niermann: Professionalisierung im Lehrberuf. Weinheim 2010

2 Vgl. Werner Helsper u. a. (Hrsg.): Pädagogische Professionalität in Organisationen. Wiesbaden 2008

3 Wolfgang Nieke: Kompetenz und Kultur. Beiträge zur Orientierung in der Moderne. Wiesbaden 2012, S. 57 und S. 66

4 Wolfgang Brezinka: Die »Verwissenschaftlichung« der Pädagogik und ihre Folgen. In: *Zeitschrift für Pädagogik*, H 2/2015, S. 284

5 Brezinka, Verwissenschaftlichung, S. 293

6 Julian Nida-Rümelin: Der Akademisierungswahn. Zur Krise akademischer und beruflicher Bildung. Hamburg 2014. Kindle E-Book, Pos. 1079

VERÄNDERUNG
DURCH BILDUNG?

1 Peter Sloterdijk: Du mußt dein Leben ändern. Über Anthropotechnik. Frankfurt/Main 2009

2 Vera Hauschild (Hrsg.): Rilke für Gestreßte. Frankfurt/Main 1998

3 Andreas Drosdek: Nietzsche für Manager. Mit Mut zum Erfolg. Frankfurt/Main 2008

4 Søren Kierkegaard: Die Krankheit zum Tode. Aus dem Dänischen von Emanuel Hirsch. Gütersloh 1982, S. 8

5 Kierkegaard, Die Krankheit zum Tode, S. 15

6 Rainer Maria Rilke: Sämtliche Werke, Bd. I. Frankfurt/Main 1987, S. 557

7 Jörg Dräger/Ralph Müller Eisel: Humboldt gegen Orwell. Revolution in Schulen und Hochschulen. Die Digitalisierung verändert die Bildung so stark wie zuvor nur der Buchdruck und die Schulpflicht. In: *Die Zeit*, Chancen, 24. 9. 2015

8 Vgl. dazu: www.zeit.de/serie/wo-seid-ihr-professoren (abgerufen am 18. 2. 2016)

9 Martha C. Nussbaum: Nicht für den Profit! Warum Demokratie Bildung braucht. Überlingen 2012

10 Heinz-Joachim Heydorn: Über den Widerspruch von Bildung und Herrschaft. Frankfurt/Main 1970, S. 316

11 Karl Marx: ad Feuerbach, MEW 3, S. 5–6

12 Karl-Markus Gauß: Der Alltag der Welt. Wien 2015, S. 184

ERKENNE DEIN SELFIE!

1 Lambert Wiesing: Das Mich der Wahrnehmung. Eine Autopsie. Berlin 2015

2 Christopher Lasch: Das Zeitalter des Narzißmus, München 1982, S. 21

3 Lasch, Narzißmus, S. 71f.

4 Günther Anders: Die Antiquiertheit des Menschen I. München [5]1980, S. 56

5 Anders, Antiquiertheit I, S. 56

TAUSEND HÄNDE

1 Johann Wolfgang von Goethe: Faust. Der Tragödie zweiter Teil, V. 11 509

2 Gotthold Ephraim Lessing: Emilia Galotti, I,4

3 Richard Sennett: Handwerk. Berlin 2007

4 Peter Bieri: Das Handwerk der Freiheit. Über die Entdeckung des eigenen Willens. München 2001

5 Mariacarla Gadebusch Bondio (Hrsg.): Die Hand. Elemente einer Medizin- und Kulturgeschichte. Berlin 2010

6 André Leroi-Gourhan: Hand und Wort. Die Evolution von Technik, Sprache und Kunst. Frankfurt/Main 1984, S. 319

7 Leroi-Gourhan, Hand und Wort, S. 320

8 Michel Serres: Erfindet euch neu! Eine Liebeserklärung an die vernetzte Generation. Berlin 2013, S. 38

WAS VON UNS ÜBRIG BLEIBT

1 Vgl. dazu Michael Thompson: Die Theorie des Abfalls. Über die Schaffung und Vernichtung von Werten. Stuttgart 1981, S. 167

2 Vgl. Thompson, Theorie des Abfalls, S. 137

3 Vgl. dazu Günther Anders: Die Antiquiertheit des Menschen II. München 1980, S. 38ff.

4 Vgl. dazu Sonja Windmüller: Die Kehrseite der Dinge. Müll, Abfall, Wegwerfen als kulturwissenschaftliches Problem. Münster 2004, S. 329

5 Thomas Hylland Eriksen: Mensch und Müll. Die Kehrseite des Konsums. Basel 2013

REVOLUTION UND GRAUSAMKEIT

1 Alban Berg: Lulu. Hrsg. von Attila Csampai und Dietmar Holland. Reinbek 1985, S. 79

2 Zit. nach Joachim Ritter: Hegel und die französische Revolution. In: J. R.: Metaphysik und Politik, Frankfurt/Main 1977, S. 195

3 J. Ritter, Hegel und die französische Revolution, S. 196ff.

4 Zit. nach J. Ritter, Hegel und die französische Revolution, S. 194

5 Henning Ritter: Die Schreie der Verwundeten. Versuch über die Grausamkeit. München 2013, S. 31

6 H. Ritter, Die Schreie der Verwundeten, S. 31

7 Zit. nach J. Ritter, Hegel und die französische Revolution, S. 195

8 Hannah Arendt: Über die Revolution. Mit einem Nachwort von Hermann Lübbe. München 1965, S. 35

9 Karl Marx: Kritik der politischen Ökonomie. MEW 13, S. 9

10 Richard Wagner: Die Kunst und die Revolution. In: R. W.: Ausgewählte Schriften. Leipzig 1982, S. 163

11 Wagner, Die Kunst und die Revolution, S. 155

12 Wagner, Die Kunst und die Revolution, S. 169

13 Wagner, Die Kunst und die Revolution, S. 171

14 J. Ritter, Hegel und die französische Revolution, S. 196

DIE ZUKUNFT DER
SOZIALEN DEMOKRATIE

1 Georg Seeßlen, Markus Metz: Blödmaschinen. Die Produktion von Stupidität. Berlin 2011

2 »Die Arbeit producirt Wunderwerke für d[en] Reichen, aber sie producirt Entblößung für d[en] Arbeiter. Sie producirt Paläste, aber Höhlen für d[en] Arbeiter. Sie producirt Schönheit, aber Verkrüppelung für d[en] Arbeiter. Sie ersetzt die Arbeit durch Maschinen, aber sie wirft einen Theil der Arbeiter zu einer barbarischen Arbeit zurück und macht den andren Theil zur Maschine. Sie producirt Geist, aber sie producirt Blödsinn, Cretinismus für d[en] Arbeiter.« (Karl Marx: Ökonomisch-philosophische Manuskripte, Frankfurt/Main 2009, S. 86f.)

3 Ralf Dahrendorf: Die Chancen der Krise. Über die Zukunft des Liberalismus. Stuttgart 1983, S. 16ff.

4 Colin Crouch: Postdemokratie. Frankfurt/Main 2008, S. 10

5 Colin Crouch: Jenseits des Neoliberalismus. Ein Plädoyer für soziale Gerechtigkeit. Wien 2013

6 Roland Reichenbach: Kult der Inkompetenz. In: *Merkur* 71 (815), 2017, S. 26

7 Crouch, Postdemokratie, S. 98

8 Vgl. Fanz Walter: Vom Milieu zum Parteienstaat. Lebenswelten, Leitfiguren und Politik im historischen Wandel. Wiesbaden 2010 (Kindle E-Book)

9 Walter, Vom Milieu zum Parteienstaat, Kindle E-Book, Pos. 1188

10 Walter, Vom Milieu zum Parteienstaat, Kindle E-Book, Pos. 1194ff.

11 Vgl. dazu Ilija Trojanow/Juli Zeh: Angriff auf die Freiheit. Sicherheitswahn, Überwachungsstaat und der Abbau bürgerlicher Rechte. München 2009

12 Michael J. Sandel: Was man für Geld nicht kaufen kann. Die moralischen Grenzen des Marktes. Berlin 2012, S. 18

13 Mathias Binswanger: Sinnlose Wettbewerbe. Warum wir immer mehr
Unsinn produzieren. Freiburg i. Breisgau 2010

DER BÜRGER UND SEINE PARTEI

1 Wolfgang J. Mommsen: Das Zeitalter des Imperialismus. Frankfurt/
Main 1969, S. 81

2 Eric Hobsbawm: Das Zeitalter der Extreme. München 1995, S. 28

3 Heinz Schlaffer: Der Bürger als Held. Frankfurt/Main 1976, S. 127

4 Karl Marx/Friedrich Engels: Manifest der kommunistischen Partei.
MEW 4, S. 464

5 Manfred Fuhrmann: Der europäische Bildungskanon des bürgerlichen Zeitalters. Frankfurt/Main 1999

6 Epiktet: Handbuch der Moral. In: Epiktet, Teles, Musonius, Wege
zum Glück, übersetzt von Rainer Nickel. Darmstadt 1987, S. 17

7 Robert Spaemann: Grenzen der Verantwortung. In: Ludger
Heidbrink/Alfred Hirsch (Hrsg.): Staat ohne Verantwortung?
Zum Wandel der Aufgaben von Staat und Politik. Frankfurt/Main
2007, S. 52

8 Konrad Ott: Zuwanderung und Moral. Stuttgart 2016

9 Heinz Bude: Die Metamorphose des Staatsglaubens nach 1945.
In: Konrad Paul Liessmann (Hrsg.): Der Staat. Wie viel Herrschaft
braucht der Mensch. Wien 2011, S. 172ff.

10 Richard H. Thaler/Cass R. Sunstein: Nudge – Improving Decisions
about Health, Wealth, and Happiness. New York 2008 (deutsche
Ausgabe: Nudge – Wie man kluge Entscheidungen anstößt. Berlin
2009)

11 *Der Spiegel* 15/2015, S. 38ff.

ES IST SO BEQUEM, UNMÜNDIG ZU SEIN!

1 https://www.alpbach.org/de/forum2016/programm-2016/new-
enlightenment-an-introduction-by-the-presidents-of-the-european-
forum-alpbach/ (abgerufen am 15. 4. 2017)

2 Johann Friedrich Zöllner: Ist es rathsam, das Ehebündniß nicht ferner durch die Religion zu sanciren? In: *Berlinische Monatsschrift*, Dezember 1783, S. 516 (Fußnote)

3 *Berlinische Monatsschrift*, November 1984, S. 480

4 Immanuel Kant: Beantwortung der Frage: Was ist Aufklärung? In: Immanuel Kant: Werkausgabe Bd. XI, hrsg. v. Wilhelm Weischedel. Frankfurt/Main 1978, S. 53

5 Johann Gottfried Herder: Verstand und Erfahrung, Vernunft und Sprache. Eine Metakritik zur Kritik der reinen Vernunft, Teil II (1799). Stuttgart und Tübingen 1830, S. 11

6 Kant, Was ist Aufklärung, S. 59

7 Moses Mendelssohn: Über die Frage: Was heißt aufklären? In: Moses Mendelssohn: Schriften über Religion und Politik. Darmstadt 1989, S. 461f.

8 Mendelssohn, Was heißt aufklären, S. 465

DRUCKNACHWEISE

Die Kapitel dieses Buches gehen auf Texte zurück, die aus unterschiedlichen Motiven in den letzten Jahren entstanden sind. Aufgrund seiner bildungspolitischen Interventionen etwa in der Streitschrift »Geisterstunde. Die Praxis der Unbildung« wurde der Autor immer wieder eingeladen, zu Fragen der Bildung Stellung zu beziehen. Eine Auswahl dieser Vorträge und Arbeiten findet sich ebenso in dem vorliegenden Band wie Essays und Reden, die sich im weitesten Sinn Aspekten und Dynamiken unserer Kultur und ihrer Ästhetik widmen. Und getreu dem Motto, dass der Intellektuelle die Aufgabe hat, sich einzumischen und am öffentlichen Diskurs teilzunehmen, wurden im dritten Teil dieses Buches politische Reflexionen versammelt, von denen der Autor hofft, dass sie jenseits der aktuellen Anlässe Aspekte und Tendenzen unserer Zeit erfassen und freilegen. Für den vorliegenden Band wurden alle Texte durchgesehen, bearbeitet und zum Teil gravierend verändert, mitunter gekürzt, an vielen Stellen aber auch erweitert und aktualisiert. Dennoch sei der Vollständigkeit halber auf die ursprünglichen Publikationsorte verwiesen.

ZUR SACHE DER BILDUNG

Belesenheit. Literarische Bildung als Provokation
    In: *ide – informationen zur deutschdidaktik*. Zeitschrift für den
    Deutschunterricht in Wissenschaft und Schule 3/2015, S. 20–27
Das schlechte Gewissen. Über Muße und Bildung
    In: *Theologisch-praktische Quartalschrift* (ThPQ) 3/2015, S. 254–259
Und erlöse uns von dem Übel. Bildung als säkularisierte Religion
    In: *Die Zeit*, Beilage Christ + Welt, 21. Mai 2015, S. 5
Jeder nach seinen Fähigkeiten, jedem nach seinen Bedürfnissen. Über den
Widerspruch von Bildung und Wettbewerb
    In: Andreas Khol u. a. (Hrsg.): Österreichisches Jahrbuch für Politik
    2014. Wien 2015, S. 265–276
Professionalisierung des Lehrberufs? Anmerkungen zu einem Verhängnis
    Unter: Professionalisierung als Entakademisierung am Beispiel der
    Lehrerbildung. In: Klaus Zierer/Joachim Kahlert/Matthias Burchardt
    (Hrsg.): Die pädagogische Mitte. Plädoyers für Vernunft und Augen-
    maß in der Bildung. Bad Heilbrunn 2016, S. 135–142
Veränderung durch Bildung? Über eine rhetorische Figur
    Unter: Ist Selbstveränderung von Individuen und Gesellschaften
    durch Bildung möglich? In: Heiner Hastedt (Hrsg.): Macht und
    Reflexion. Hamburg 2016, S. 223–232

AM RAND DER KULTUR

Europa als eine schöne Kunst betrachtet. Zur Ästhetik eines Kontinents
    In: Cathérine Hug (Hrsg.): Europa. Die Zukunft der Geschichte.
    Katalog des Kunsthauses Zürich. Zürich 2015, S. 94–100
Nichts Neues unter der Sonne. Über innovative und andere Innovationen
    In: Katharina Meichenitsch, Michaela Neumayr, Martin Schenk
    (Hrsg.): Neu! Besser! Billiger! Soziale Innovation als leeres Ver-
    sprechen, Wien 2016, S. 170–176
Erkenne dein Selfie! Das Selbstporträt im Zeitalter seiner technischen
Reproduzierbarkeit
    In: *Philosophie Magazin* 4/2014, S. 52f.
Tausend Hände. Über Fingerfertigkeiten aller Art
    In: Eduard Kaeser, Konrad Paul Liessmann, Wolfgang Ullrich, Peter

Strasser: Vom Kopf zur Hand, ... und dazwischen eine ganze Welt. Klagenfurt 2015, S. 17–32

Wissenschaft ist keine Kunst! Eine Grenzziehung

Unter: In einem Atemzug. Über das Verhältnis von Wissenschaft und Kunst. In: Hubert Christian Ehalt/Konrad Paul Liessmann/Robert Pfaller: Kunst, Wissenschaft und Wirtschaft im Diskurs. Wien 2013, S. 31–43

Was von uns übrig bleibt. Über den Wert des Abfalls

In: *Die Presse/Spectrum*, 24. Mai 2014, S. 1/2

IN DEN NIEDERUNGEN DER POLITIK

Revolution und Grausamkeit. Zur Dynamik gesellschaftlicher Veränderungen

Unter: Die Freiheit und das Neue. In: *Neue Zürcher Zeitung*, 9. September 2013, S. 35

Die Zukunft der sozialen Demokratie. Ein Plädoyer für die Rückkehr der Politik in die Politik

Rede anlässlich der Veranstaltung »125 Jahre österreichische Sozialdemokratie« am 11. Jänner 2014 in Hainfeld. In: *Europäische Rundschau* 1/2014, S. 45–54

Der Bürger und seine Partei. Über Freiheit, Leistung und Verantwortung

Rede anlässlich des Bundesparteitages der ÖVP am 13. Mai 2015. In: Thomas Köhler und Christian Mertens (Hrsg.): Jahrbuch für politische Beratung 2014/15, S. 90–99

Unsere Grenzen. Zwischen hier und dort

Unter: Hüben und drüben. In: *Die Zeit*, Beilage Christ + Welt, 30. Dezember 2015, S. 3/4

Was heißt denken? Über Intellektuelle in dürftiger Zeit

In: *Neue Zürcher Zeitung*, 17. Jänner 2017, S. 17

Es ist so bequem, unmündig zu sein! Brauchen wir eine neue Aufklärung?

Unter: Wenn der Himmel wieder klar wird. In: *Der Standard/Album*, 16. April 2016, S. 1/2